이 책의 효과적인 활용법

이 책은 한자를 처음 배우기 시작하는 사람들이 [illegible]고도 효과적인 방법으로 한자를 익히고, 한자[illegible] **《한자 쓰기 교본》** 입니다.

이 책의 특징과 이 책을 공부[illegible]습니다.

이 책의 특징

1. 교육인적자원부가 선정 발표한 한문 교육용 기초 한자 1800자 중 900자를 가, 나, 다…순으로 배열하여 익히기 쉽게 하였고, 학교 공부와도 병행하게 하였습니다.

2. 먼저 획순(쓰는 순서)을 보여 주고, 그 획순에 따라 같은 글자를 여러 번 반복해서 쓸 수 있게 하였습니다.

3. 각 글자의 쓰임과 풀이를 넣어 더욱 폭 넓은 한자 공부가 되게 하였습니다.

이 책을 공부하는 요령

1. 먼저 글자의 모양과 뜻을 눈으로 익힙니다.

2. 처음에는 아래 보인 필순에 따라 써 보고, 이어서 빈 칸에 스스로 써 보되 먼저 쓴 글자와 비교해 가며 연습하면 보다 효과적입니다.

3. 각 글자의 용례를 보며 그 쓰임을 아울러 익히면 좋습니다.

차 례

한자 쓰기의 기초

(1) 바른 자세

글씨를 곱게 쓰고자 하는 마음과 함께 몸가짐을 바르게 해야 아름다운 글씨를 쓸 수 있다. 편안하고 부드러운 자세를 갖자.

① **앉은 자세** 방바닥에 앉은 자세로 쓸 때에는 양엄지발가락과 발바닥의 윗부분을 얕게 포개어 앉고, 배가 책상에 닿지 않도록 한다. 그리고, 상체는 앞으로 약간 숙여 눈이 지면에서 30 cm 정도 떨어지게 하고, 왼손은 종이를 가볍게 누른다.

② **걸어앉은 자세** 걸상에 앉아서 쓸 경우에도 앉을 때 두 다리를 어깨 넓이만큼 뒤로 잡아당겨 앉은 다음 ①과 같은 자세를 취한다.

(2) 펜대를 잡는 요령

펜대는 펜 끝에서 1～1.5 cm 정도 되게 잡고 몸 쪽으로 45～60°만큼 기울어지게 하는 것이 알맞다. 그러나, 한자에는 여러 가지의 글씨체가 있어 각기 그 나름대로의 운필법이 있다. 느림과 급함, 가벼움과 무거움 등.

예를 들면, 해서체는 한 획 한 점마다 쓴 다음에는 펜이 종이에서 떨어져야 하며, 삐침도 그 운필에 따라 펜의 각도가 조금씩 다르다.

따라서, 모든 글씨를 똑같은 각도로 운필하라는 뜻은 아니므로, 다음의 용례를 보고 그때 그때 자기에게 알맞은 방법을 찾도록 해야 한다.

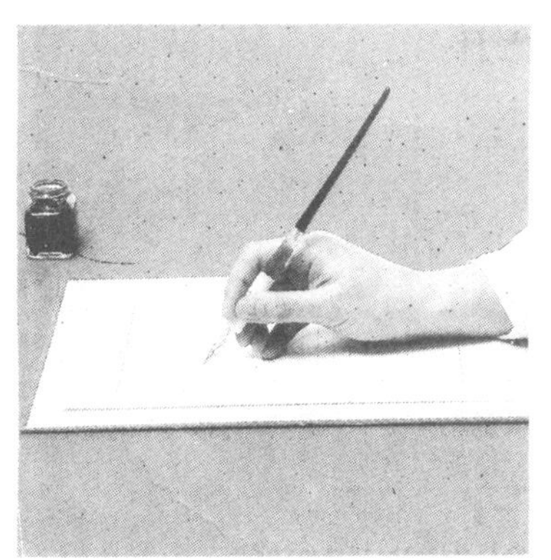
펜은 45°～60°

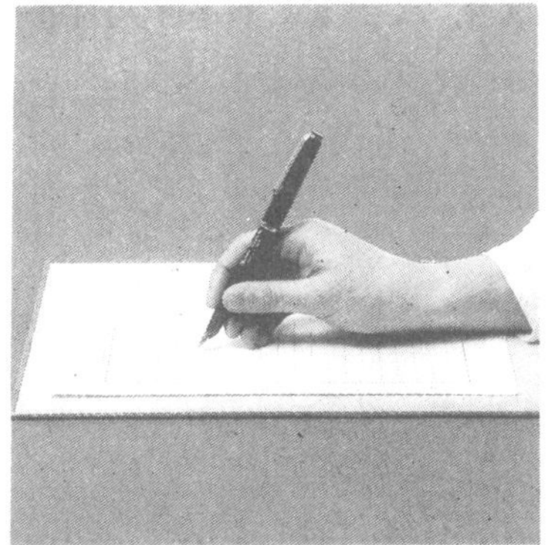
만년필은 50°～60°

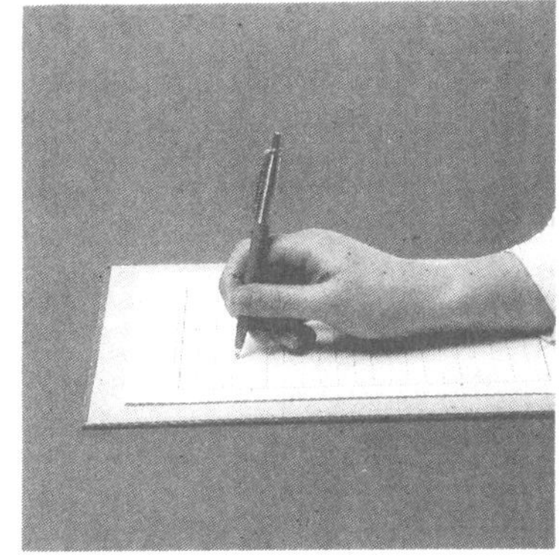
볼펜은 60°～70°

(3) 펜촉의 종류

① **스푼펜** 사무용에 적합한 펜으로, 끝이 약간 옥은 것이 좋다. 가장 널리 쓰인다.

② **G펜** 끝이 뾰족하고 탄력성이 있어 숫자나 로마자를 쓰기에 알맞다. 연습용으로 많이 쓴다.

③ **스쿨펜** G펜보다 작은데, 가는 글씨를 쓰기에 알맞다.

④ **마루펜** 제도용으로 쓰이며, 특히 선을 긋는 데에 알맞다.

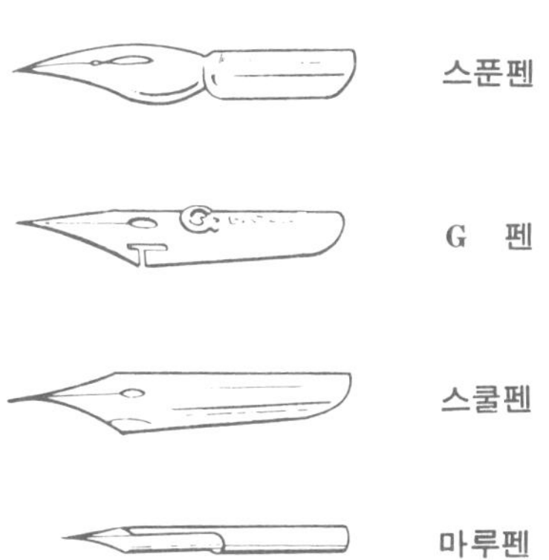

한자를 바르고 아름답게 쓰려면

(1) 한자의 획과 획수

한자를 이루는 하나하나의 점과 선을 '획'이라 하고, 한자 한 글자를 쓸 때, 한 번 붓을 대었다가 뗄 때까지 그은 점이나 선을 1획으로 셈하여 한 글자를 몇 획으로 쓸 수 있는가를 헤아린 것을 '획수'라고 한다.

그런데, 한자의 다양하고 복잡한 듯한 이 획은 한자의 모양과 뜻을 명확하게 구별지어 주는 기본 요소가 되므로 바로 이해하여야 한다.

※ 기본 획의 명칭과 그 쓰임

모양	이름	예	모양	이름	예
丨丶	꼭지점	六 字 永	ㄴ	왼꺾음	亡 凶 齒
ノ	왼점	小 忠 烈	ノ	삐침	九 失 月
丶	오른점	公 示 治	フ	꺾어삐침	又 奴 反
㇀	치킨점	心 光 炎	㇀	치킴	江 冷 婦
一	가로긋기	三 王 五	㇏	파임	八 入 合
丨	내리긋기	川 下 正	㇏	받침	近 進 建
亅	왼갈고리	丁 寸 水	㇂	지게다리	式 成 我
㇄	오른갈고리	民 良 氏	㇃	누운지게다리	心 必
㇖	평갈고리	了 空 皮	㇗	새가슴	兄 孔 乳
㇁	굽은갈고리	子 手 承	乙	새을	乙 九 凡
㇆	꺾음갈고리	力 向 舟	㇈	봉날개	飛 風 楓
㇕	오른꺾음	日 目 曲	㇉	좌우꺾음	弓 弟 弗

(2) 한자의 모양을 꾸미는 법

한자의 모양을 보다 안정되고 아름답게 나타내기 위한 것으로, 보통 다음과 같은 개형(概形 : 대체로 본 형상)에 따라 그 모양을 꾸민다.

거의 정사각형으로 固 國 問	세로 3등분으로 樹 謝 鄕	비꼈지만 중심이 잡히도록 刀 多 母
직사각형(길죽하게) 日 目 身	가운데가 크고, 또는 반대 街 仰 湖	왼쪽 직선, 바른쪽 아래가 넓게 乙 巳 色
직사각형(넙죽하게) 四 心 血	가로 2등분(머리, 발 거의 같게) 머리 / 발 惡 盛 想	위에서 덮어 씌운 것처럼 空 室 完
삼각형, 아래가 넓게 土 未 正	발이 2등분, 머리가 2등분 霜 露 驚	아래·위 선이 젖혀지게(변화) 王 五 至
삼각형, 위가 넓게 下 市 言	머리가 크고 발을 작게 皆 習 賀	밖으로 휘어 젖혀지게 月 用 丹
전체 모양이 마름모로 今 寺 景	머리가 작고 발을 크게 忠 思 星	안으로 오무려 둥근 맛이 나게 田 向 面
원형(둥글게) 安 赤 學	변보다 몸을 조금 내려서 好 郡 師	세로획의 간격이 대강 같게 川 則 前
변과 방(몸)을 같은 크기로) 변 방 新 朝 願	변을 작게 呼 味 時	가로획의 간격이 대강 같게 里 皇 書
변을 작게 江 憶 獨	몸을 작게 加 和 私	획과 획의 간격을 알맞게 水 永 光
방을 작게 列 判 到	위를 평평히, 아래를 평평히 明 野 記	가로획의 오른쪽을 올려서 七 九 也

(3) 永字八法(영자 팔법)

모든 한자(漢字)에 공통으로 적용되는 획(畫)의 운필법(運筆法; 붓을 놀려 쓰는 방법)을 '永(영)'자의 여덟 가지 획으로써 설명한 것으로, 중국 후한(後漢) 때의 문인이며 서가(書家)였던 채 옹(蔡邕; 132~192)이 고안하였다고 한다.

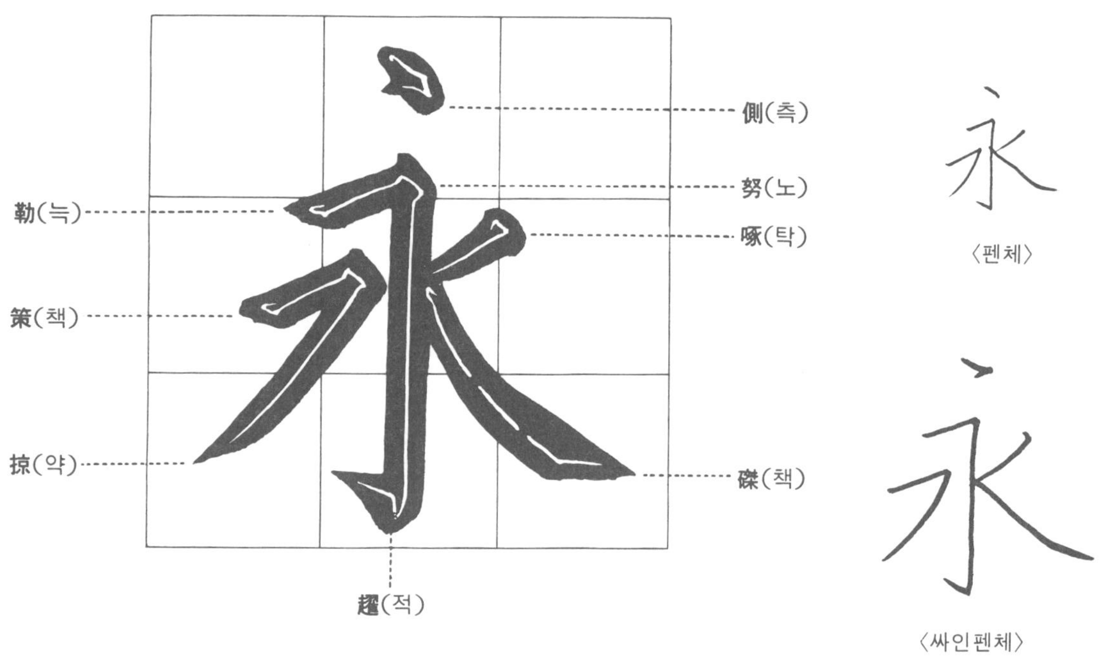

㇔	側(측)	점 찍는 법	가로로 눕히지 않는다.
㇐	勒(늑)	가로 긋는 법	수평을 꺼린다.
㇑	努(노)	내리긋는 법	수직으로 곧바로 내려 힘을 준다.
㇚	趯(적)	올려 치는 법	갈고리로, 송곳 같은 세력을 요한다.
㇀	策(책)	오른쪽으로 치키는 법	치침으로, 우러러 거두면서 살며시 든다.
㇒	掠(약)	길게 삐치는 법	삐침으로, 왼쪽을 가볍게 흘려 준다.
㇓	啄(탁)	짧게 삐치는 법	짧은 삐침으로, 높이 들어 빨리 삐친다.
㇏	磔(책)	파임하는 법	가볍게 대어 천천히 오른쪽으로 옮긴다.

획순의 일반적인 원칙

위로부터 아래로					
三	言	音	多	眞	壹
가로획을 먼저					
十	寸	土	木	世	原
왼편을 먼저					
川	仁	江	別	特	祝
가운데를 먼저					
小	山	水	出	樂	變
바깥 부분(몸)을 먼저					
火	同	風	國	間	登
꿰뚫는 획은 나중에					
中	車	事	女	每	冊
받침 중 독립자로 쓰이지 않는 것은 맨 나중에, 독립자로 쓰이는 것은 먼저					
延	建	道	通	먼저 題	먼저 起
빠침과 가로획					
右	布	有	左	友	在
삐침의 선후					
九	及	皮	刀	力	4종 方

漢字	訓音	쓰기	用例
家	집, 전문가 가	家	家計(가계), 家庭(가정), 畫家(화가)
佳	아름다울 가	佳	佳景(가경), 佳人(가인), 佳作(가작)
街	거리 가	街	街頭(가두), 街路(가로), 市街(시가)
可	옳을 가	可	可決(가결), 可否(가부), 不可(불가)
歌	노래 가	歌	歌曲(가곡), 歌手(가수), 校歌(교가)
加	더할 가	加	加減(가감), 加速度(가속도)
價	값 가	價 (価)	價格(가격), 價値(가치), 物價(물가)
假	거짓 가	假	假名(가명), 假說(가설), 假借(가차)

한자	훈음	필순	용례
各	각각 각	ノ ク 夂 夂 各 各	各界(각계), 各自(각자), 各處(각처)
角	뿔 각	ノ ⺈ ⺈ 角 角 角 角	角度(각도), 四角(사각), 牛角(우각)
脚	다리 각	丿 刀 月 肚 肚 肚 胠 胠 脚 脚	脚光(각광), 脚氣(각기), 失脚(실각)
干	방패, 천간 간	一 二 干	干城(간성), 干支(간지), 十干(십간)
間	사이 간	丨 冂 ⼾ ⼾ 門 門 門 問 間 間	間接(간접), 夜間(야간), 中間(중간)
看	볼, 지킬 간	一 二 三 手 手 看 看 看 看	看過(간과), 走馬看山(주마간산)
渴	목마를 갈	丶 氵 氵 氵 氵 氵 渴 渴 渴 渴	渴求(갈구), 渴望(갈망), 解渴(해갈)
感	느낄 감	丿 厂 厂 后 咸 咸 咸 感 感 感	感謝(감사), 感想(감상), 感情(감정)

한자	훈음	필순	용례
甘	달 감	一 十 卄 廿 甘	甘味(감미), 苦盡甘來(고진감래)
減	덜 감	氵 氵 汇 汇 沂 沥 洉 減 減 減	減量(감량), 減少(감소), 加減(가감)
敢	굳셀 감	一 丅 工 干 耳 耳 耴 耴 敢 敢	勇敢(용감), 果敢(과감), 敢行(감행)
甲	첫째천간 : 갑 갑 옷	丨 冂 日 日 甲	甲骨(갑골), 甲午(갑오), 回甲(회갑)
江	물, 강 강	丶 冫 氵 氵 汀 江	江南(강남), 江山(강산), 長江(장강)
降	내릴 강 항복할 항	了 阝 阝 阝 阞 陊 陊 陉 降	降雨(강우), 降下(강하), 投降(투항)
強	강할 강	一 コ 弓 弘 弘 弘 弘 強 強 強	強國(강국), 強力(강력), 強弱(강약)
講	익힐, 욀 강	言 言 言 訁 訁 訁 講 講 講 講	講讀(강독), 講習(강습), 講義(강의)

한자	훈음	연습	용례
皆	다 개	皆	皆勤(개근), 皆既日蝕(개기일식)
改	고칠 개	改	改正(개정), 朝令暮改(조령모개)
個	낱 개	個	個別(개별), 個人(개인), 各個(각개)
開	열 개	開	開國(개국), 開業(개업), 開化(개화)
客	손, 나그네 객	客	客室(객실), 客窓(객창), 旅客(여객)
更	다시 갱 고칠 경	更	更生(갱생), 更新(갱신), 變更(변경)
去	갈, 버릴 거	去	去留(거류), 過去(과거), 除去(제거)
巨	클 거	巨	巨大(거대), 巨物(거물), 巨富(거부)

한자	훈·음	획순	용례
居	살 거	居	居室(거실), 居住(거주), 居處(거처)
車	수레 거·차	車	車道(차도), 人力車(인력거)
擧	들, 모두 거	與 擧	擧國(거국), 擧手(거수), 擧族(거족)
建	세울 건	建	建國(건국), 建設(건설), 再建(재건)
乾	하늘, 마를 건	乾	乾坤(건곤), 乾魚物(건어물)
犬	개 견	一 ナ 大 犬	忠犬(충견), 犬馬之勞(견마지로)
見	볼 견	目 見	見本(견본), 見學(견학), 發見(발견)
堅	굳을 견	臤 堅	堅固(견고), 堅實(견실), 堅忍(견인)

한자	쓰기	필순	용례
決 정할 결	決	決	決心(결심), 決定(결정), 判決(판결)
結 맺을 결	結	結	結論(결론), 結實(결실), 歸結(귀결)
潔 깨끗할 결	潔	潔	潔白(결백), 純潔(순결), 淸潔(청결)
京 서울 경	京	京	京城(경성), 京鄕(경향), 上京(상경)
景 경치 경	景	景	景致(경치), 風景(풍경), 光景(광경)
輕 가벼울 경	輕	輕	輕傷(경상), 輕視(경시), 輕重(경중)
經 지낼, 다스릴 경	經	經	經過(경과), 經路(경로), 經由(경유)
庚 일곱째천간 경	庚	庚	庚午(경오), 庚子(경자), 庚辰(경진)

漢字	훈음	용례
耕	밭갈 경	耕地(경지), 耕作(경작), 農耕(농경)
敬	공경할 경	敬愛(경애), 敬意(경의), 尊敬(존경)
驚	놀랄 경	驚異(경이), 驚風(경풍), 驚歎(경탄)
慶	경사 경	慶事(경사), 慶祝(경축), 慶賀(경하)
競	다툴 경	競馬(경마), 競爭(경쟁), 競走(경주)
季	끝, 철 계	季父(계부), 季氏(계씨), 季節(계절)
界	지경, 한계 계	世界(세계), 視界(시계), 限界(한계)
計	셈할, 꾀할 계	計量(계량), 計算(계산), 設計(설계)

한자	훈음	용례
鷄	닭 계	鷄犬(계견), 金鷄(금계), 養鷄(양계)
溪	시내 계	溪谷(계곡), 溪流(계류), 淸溪(청계)
癸	열째천간 계	癸卯(계묘), 癸坐(계좌), 癸亥(계해)
古	예 고	古物(고물), 古城(고성), 太古(태고)
故	연고, 죽을 고	故人(고인), 故鄕(고향), 事故(사고)
固	굳을 고	固守(고수), 固定(고정), 固體(고체)
苦	괴로울 고	苦難(고난), 苦樂(고락), 勞苦(노고)
告	고할 고	告示(고시), 告知(고지), 密告(밀고)

글자	따라 쓰기						
考 상고할, 시험 고	考						
	一 十 土 耂 耂 考				考試(고시), 考察(고찰), 參考(참고)		
高 높을 고	高						
	丶 亠 亠 亡 古 亯 高 高 高 高				高貴(고귀), 高低(고저), 高地(고지)		
谷 골 곡	谷						
	丿 八 㕣 㕣 谷 谷 谷				谷水(곡수), 溪谷(계곡), 深谷(심곡)		
曲 굽을, 가락 곡	曲						
	丨 冂 巾 曲 曲 曲				曲線(곡선), 曲盡(곡진), 作曲(작곡)		
穀 곡식 곡	穀						
	一 十 士 声 声 幸 㝅 穀 穀 穀				穀物(곡물), 穀食(곡식), 五穀(오곡)		
坤 땅 곤	坤						
	一 十 土 坰 坰 坤 坤 坤				坤時(곤시), 坤殿(곤전), 乾坤(건곤)		
困 곤할 곤	困						
	丨 冂 冂 冃 用 困 困				貧困(빈곤), 困境(곤경), 困難(곤란)		
骨 뼈 골	骨						
	丨 冂 冎 冎 冎 咼 骨 骨 骨 骨				骨肉(골육), 骨子(골자), 氣骨(기골)		

한자	훈음	필순	용례
工	장인, 공업 공	一 丅 工	工藝(공예), 工作(공작), 工場(공장)
功	공 공	丅 工 玎 功	功勞(공로), 功臣(공신), 武功(무공)
空	빌, 하늘 공	丶 丷 宀 穴 穴 空 空 空	空間(공간), 空軍(공군), 空中(공중)
共	함께 공	一 十 卄 廾 共 共	共同(공동), 共通(공통), 反共(반공)
公	공변될 공	丿 八 公 公	公明(공명), 公正(공정), 公共(공공)
果	실과, 과연 과	丨 冂 日 日 旦 甲 果 果	果實(과실), 果然(과연), 結果(결과)
課	부과할, 시험 과	亠 言 言 言 訂 詛 誤 課 課 課	課稅(과세), 課試(과시), 考課(고과)
科	조목, 과거 과	二 千 禾 禾 禾 禾 秒 科	科目(과목), 科學(과학), 科擧(과거)

漢字	훈음	필순	용례
過	지날 과	丨 冂 冋 冎 咼 咼 咼 過 過 過	過客(과객), 過失(과실), 通過(통과)
官	벼슬, 관청 관	丶 宀 宀 官 官 官 官 官	官民(관민), 高官(고관), 任官(임관)
觀	볼, 생각할 관	丨 十 卄 卄 卄 萑 雚 雚 觀 觀	觀光(관광), 觀察(관찰), 主觀(주관)
關	관계할, 빗장 관	丨 门 門 門 門 關 關 關 關 關	關與(관여), 關門(관문), 稅關(세관)
光	빛 광	丨 丨 丷 业 光 光	光明(광명), 光線(광선), 春光(춘광)
廣	넓을 광	亠 广 广 庐 庐 庐 庐 唐 廣 廣	廣大(광대), 廣野(광야), 廣告(광고)
交	사귈 교	亠 亣 六 交 交	交代(교대), 交通(교통), 社交(사교)
校	학교 교	一 十 才 木 木 杧 杧 栌 校 校	校舍(교사), 校長(교장), 學校(학교)

한자	훈음	필순	용례
橋	다리 교	木 … 橋 橋	橋脚(교각), 橋頭(교두), 鐵橋(철교)
敎	가르칠 교	… 敎	敎授(교수), 敎育(교육), 敎會(교회)
九	아홉 구	丿 九	九泉(구천), 九死一生(구사일생)
口	입 구	丨 冂 口	口實(구실), 耳目口鼻(이목구비)
求	구할, 찾을 구	一 十 寸 才 求 求 求	求愛(구애), 欲求(욕구), 探求(탐구)
救	구원할 구	一 十 寸 … 救	救國(구국), 救命(구명), 救助(구조)
究	궁구할 구	丶 丷 宀 … 究	究明(구명), 研究(연구), 探究(탐구)
久	오랠 구	ノ ク 久	久遠(구원), 永久(영구), 長久(장구)

한자	쓰기	획순	용례
句 글귀 구	句	丿 勹 勺 句 句	句節(구절), 句點(구점), 字句(자구)
舊 예 구	舊 (旧)	艹 艹 芢 芢 萑 萑 萑 舊 舊 舊	舊式(구식), 舊惡(구악),
國 나라 국	國	丨 冂 冂 冂 冋 冋 囗 國 國 國	國家(국가), 國民(국민), 愛國(애국)
君 임금 군	君	ㄱ ㅋ ヨ 尹 尹 君 君	君主(군주), 君師父(군사부)
郡 고을 군	郡	ㄱ ㅋ ヨ 尹 尹 君 君 君 君阝 郡	郡民(군민), 郡守(군수), 郡廳(군청)
軍 군사 군	軍	丶 冖 冖 冖 冝 冝 冝 宣 軍	軍人(군인), 軍卒(군졸), 三軍(삼군)
弓 활 궁	弓	ㄱ ㄱ 弓	弓手(궁수), 弓形(궁형), 洋弓(양궁)
卷 책 권	卷	丶 ハ 丷 䒑 龹 失 券 卷	卷末(권말), 卷頭言(권두언)

한자	훈음	용례
權	권세 권	權利(권리), 權勢(권세), 特權(특권)
勸	권할 권	勸告(권고), 勸農(권농), 勸業(권업)
貴	귀할 귀	貴人(귀인), 貴公子(귀공자)
歸	돌아갈 귀	歸家(귀가), 歸順(귀순), 復歸(복귀)
均	고를 균	均等(균등), 均一(균일)
極	지극할 극	極力(극력), 極盡(극진), 至極(지극)
近	가까울 근	近方(근방), 近世(근세), 接近(접근)
勤	부지런한 근	勤勉(근면), 勤務(근무), 外勤(외근)

한자	뜻·음	필순	용례
根	뿌리, 근본 근	一 十 才 木 杁 杚 杛 相 根 根	根本(근본), 根治(근치), 草根(초근)
金	쇠 금 / 성 김	ノ 人 亼 今 全 金 金 金	金石(금석), 金銀(금은), 金氏(김씨)
今	이제 금	ノ 人 亼 今	今明(금명), 今時(금시), 現今(현금)
禁	금할 금	一 十 才 木 林 林 埜 埜 禁 禁	禁物(금물), 禁止(금지), 嚴禁(엄금)
給	줄 급	𠃋 幺 幺 糸 糸 紒 紒 紒 給 給	給食(급식), 自給自足(자급자족)
急	급할 급	ノ 勹 刍 刍 刍 刍 急 急 急	急流(급류), 急速(급속), 性急(성급)
及	미칠 급	ノ 乃 乃 及	及第(급제), 言及(언급), 波及(파급)
己	몸 기	乛 コ 己	克己(극기), 知彼知己(지피지기)

記 기록할 기	記					
	丶 亠 亠 亠 言 言 言 訂 訂 記			記名(기명), 記憶(기억), 日記(일기)		
起 일어날 기	起					
	一 十 土 キ キ 走 走 起 起 起			起立(기립), 起工(기공), 起伏(기복)		
期 기약할 기	期					
	一 十 卄 甘 其 其 其 期 期 期			期間(기간), 期待(기대), 期約(기약)		
基 터 기	基					
	一 十 卄 甘 甘 其 其 其 基 基			基金(기금), 基本(기본), 國基(국기)		
氣 기운 기	氣					気
	丿 𠂉 气 气 气 気 気 氣 氣 氣			氣力(기력), 氣品(기품), 元氣(원기)		
技 재주 기	技					
	一 扌 扌 扌 扌 扐 技			技能(기능), 技藝(기예), 妙技(묘기)		
其 그 기	其					
	一 十 卄 卄 甘 其 其 其			其他(기타), 其後(기후), 各其(각기)		
幾 몇 기	幾					
	幺 幺 幺 幺幺 幺幺 𢆶 𢆶 幾 幾 幾			幾次(기차), 幾日(기일), 幾何(기하)		

한자	훈음	필순	용례
既	이미 기	丶 ⺈ 白 白 皀 皀 皀 既 既 既	既望(기망), 既決(기결), 既成(기성)
吉	길할 길	一 十 士 吉 吉 吉	吉日(길일), 吉凶(길흉), 大吉(대길)
暖	따뜻할 난	丨 ㄇ 日 日 日 日 暖 暖 暖 暖	暖流(난류), 暖房(난방), 溫暖(온난)
難	어려울 난	一 艹 艹 菓 菓 菓 難 難 難 難	難題(난제), 難解(난해), 國難(국난)
男	사내 남	丨 ㄇ 田 田 田 男 男	男女(남녀), 男性(남성), 美男(미남)
南	남녘 남	一 十 十 冂 冂 冂 南 南 南	南國(남국), 南向(남향), 江南(강남)
內	안 내	丨 冂 內 內	內面(내면), 內容(내용), 國內(국내)
乃	이에, 너 내	ノ 乃	乃父(내부), 乃至(내지), 終乃(종내)

既 吉 暖 難 男 南 內 內 乃

한자	훈·음	필순	단어
女	계집 녀	ㄑ 𡿨 女	女性(여성), 女人(여인), 長女(장녀)
年	해, 나이 년	丿 𠂉 ⺧ ⺧ 左 年	年年(연년), 年代(연대), 今年(금년)
念	생각 념	丿 人 亼 今 今 念 念 念	念頭(염두), 念佛(염불), 念願(염원)
怒	성낼 노	ㄑ 女 女 奴 奴 奴 怒 怒	怒氣(노기), 怒聲(노성), 大怒(대로)
農	농사 농	冂 曲 曲 曲 曲 芦 農 農 農 農	農耕(농경), 農業(농업), 富農(부농)
能	능할 능	𠃋 厶 厶 㑒 自 自 自 能 能 能	能動(능동), 能力(능력), 無能(무능)
多	많을 다	丿 ク 夕 夕 多 多	多少(다소), 多數(다수), 過多(과다)
單	홑 단	口 口 吅 吅 吅 罒 罒 單 單	單獨(단독), 單語(단어), 單位(단위)

한자	뜻과 음	필순	용례
短	짧을, 허물 단	𠂉 𠂉 午 矢 矢 矢 矩 矩 短 短	短歌(단가), 短命(단명), 長短(장단)
端	바를, 끝 단	亠 立 立 立 竝 竝 竝 竝 端 端	端言(단언), 端正(단정), 末端(말단)
但	다만 단	丿 亻 亻 们 但 但 但	但書(단서), 但只(단지), 非但(비단)
丹	붉을 단	丿 刀 月 丹	丹誠(단성), 丹青(단청), 朱丹(주단)
達	통달할 달	一 十 土 去 去 幸 幸 達 達 達	達觀(달관), 達人(달인), 發達(발달)
談	말씀 담	丶 亠 亠 言 言 言 言 訁 談 談	談笑(담소), 談話(담화), 美談(미담)
答	대답할 답	丿 𠂉 𠂉 竹 竹 竹 竺 竺 答 答	答禮(답례), 名答(명답), 應答(응답)
堂	당당할, 집 당	丨 丷 丷 尚 尚 尚 尚 堂 堂 堂	堂堂(당당), 堂號(당호), 草堂(초당)

한자	연습	약자
當 마땅할 당	當	当
大 큰 대	大	
代 대신할, 대 대	代	
待 기다릴 대	待	
對 대할 대	對	対
德 덕 덕	德	
到 이를 도	到	
度 법도 도	度	

當 마땅할 당: 當面(당면), 當然(당연), 當代(당대)

大 큰 대: 一 ナ 大 — 大陸(대륙), 大成(대성), 重大(중대)

代 대신할, 대 대: ノ イ 仁 代 代 — 代理(대리), 代身(대신), 歷代(역대)

待 기다릴 대: 待望(대망), 待命(대명), 接待(접대)

對 대할 대: 對 對 — 對答(대답), 對面(대면), 相對(상대)

德 덕 덕: 德 德 德 — 德性(덕성), 德行(덕행), 恩德(은덕)

到 이를 도: 到 到 — 到來(도래), 到着(도착), 到處(도처)

度 법도 도: 度 — 尺度(척도), 法度(법도), 制度(제도)

한자	훈·음	필순	용례
道	길 도	丷 䒑 䒑 产 䒑 首 首 首 道 道	道德(도덕), 道路(도로), 街道(가도)
島	섬 도	′ 亻 户 户 白 自 鳥 鳥 島 島	島民(도민), 半島(반도), 孤島(고도)
徒	무리 도	′ 彳 彳 彳 徍 徍 徍 徍 徒 徒	信徒(신도), 徒步(도보), 生徒(생도)
刀	칼 도	𠃌 刀	軍刀(군도), 短刀(단도), 食刀(식도)
都	도읍 도	一 十 土 耂 耂 耂 者 者 都 都	都城(도성), 都市(도시), 王都(왕도)
圖	꾀할, 그림 도	冂 冂 冂 冂 冂 冂 冂 冂 圖 圖	圖書(도서), 圖示(도시), 圖案(도안)
讀	읽을 독	亠 亠 言 言 訁 訁 訁 訁 讀 讀	讀書(독서), 讀解(독해), 精讀(정독)
獨	홀로 독	′ 犭 犭 犭 犭 犭 獨 獨 獨 獨	獨立(독립), 獨身(독신), 唯獨(유독)

한자	뜻과 음	필순	용례
同	한가지 동	丨 冂 冂 同 同 同	同時(동시), 同一(동일), 合同(합동)
洞	고을 동	丶 丶 氵 氵 汅 泂 洞 洞 洞	洞口(동구), 洞里(동리), 洞窟(동굴)
童	아이 동	亠 立 产 产 音 音 音 章 童 童	童心(동심), 童話(동화), 兒童(아동)
冬	겨울 동	丿 ク 夂 冬 冬	冬季(동계), 冬服(동복), 三冬(삼동)
東	동녘 동	一 厂 百 百 自 申 東 東	東方(동방), 東便(동편), 極東(극동)
動	움직일 동	丿 二 千 台 台 旨 重 重 動 動	東方(동방), 東便(동편), 極東(극동)
斗	말, 별이름 두	丶 丶 三 斗	斗屋(두옥), 北斗七星(북두칠성)
豆	콩 두	一 厂 百 白 戸 豆 豆	豆太(두태), 豆油(두유), 黑豆(흑두)

한자	훈음	예
頭	머리 두	頭角(두각), 頭目(두목), 書頭(서두)
得	얻을 득	得勢(득세), 得失(득실), 利得(이득)
等	등급 등	等式(등식), 等外(등외), 均等(균등)
登	오를 등	登山(등산), 登用(등용), 登場(등장)
燈 (灯)	등 등	消燈(소등), 街路燈(가로등)
落	떨어질 락	落心(낙심), 落後(낙후), 下落(하락)
樂 (楽)	즐길 락, 풍류 악 좋아할 요	樂曲(악곡), 樂園(낙원), 軍樂(군악)
卵	알 란	卵生(난생), 產卵(산란), 鷄卵(계란)

한자	훈음	필순	용례	약자
浪	물결 랑	丶 氵 氵 氵 氵 氵 氵 泿 浪 浪	浪說(낭설), 浪漫(낭만), 風浪(풍랑)	
郎	사내 랑	丶 ㄱ ㅋ ㅋ 自 良 良ㄱ 良ß 郎	郎徒(낭도), 郎子(낭자), 新郎(신랑)	
來	올 래	一 厂 𠂇 双 双 巫 來 來	來歷(내력), 來世(내세), 往來(왕래)	来
冷	찰 랭	丶 冫 冫 冫 冷 冷 冷	冷水(냉수), 冷情(냉정), 寒冷(한랭)	
良	어질 량	丶 ㄱ ㅋ ㅋ 自 良 良	良民(양민), 改良(개량), 善良(선량)	
兩	두 량	一 丆 冂 币 币 兩 兩 兩	兩家(양가), 兩親(양친), 兩便(양편)	両
量	헤아릴, 용량 량	丨 冂 日 旦 昌 昌 昌 量 量 量	量産(양산), 數量(수량), 容量(용량)	
涼	서늘할 량	丶 氵 氵 氵 氵 氵 沽 涼 涼 涼	涼秋(양추), 淸涼(청량), 炎涼(염량)	

한자	훈음	필순	용례
旅	나그네 려	旅	旅路(여로), 旅客(여객), 旅行(여행)
力	힘 력	ㄱ 力	力說(역설), 力道(역도), 國力(국력)
歷	지낼 력	一 厂 厂 厂 厂 厤 厤 歷 歷 歷	歷史(역사), 歷任(역임), 經歷(경력)
連	이을 련	一 ㄏ 冂 冃 百 亘 車 連 連 連	連結(연결), 連戰連勝(연전연승)
練	익힐 련	幺 幺 糸 糹 紅 絅 絅 紳 練 練	練習(연습), 試練(시련), 精練(정련)
列	벌일, 늘어설 렬	一 ㄱ 万 歹 歹 列	列國(열국), 列車(열차), 序列(서열)
烈	세찰 렬	一 ㄱ 万 歹 歹 列 列 列 烈 烈	烈女(열녀), 烈火(열화), 壯烈(장렬)
令	하여금, 영 령	ノ 人 亼 今 令	令愛(영애), 法令(법령), 命令(명령)

한자	훈음	필순	용례
領	거느릴 령	ノ 𠆢 亼 今 令 令 領 (stroke order)	領相(영상), 首領(수령), 要領(요령)
例	본보기 례	ノ 亻 仃 伢 伢 例 例 例 (stroke order)	例示(예시), 例外(예외), 用例(용례)
禮	예의 례	二 亍 亓 示 礻 禮 (stroke order)	禮拜(예배), 禮節(예절), 答禮(답례)
露	드러날, 이슬 로	雨 雫 霳 露 (stroke order)	露天(노천), 露出(노출), 白露(백로)
路	길 로	丨 口 ロ 𠯁 足 𧾷 跁 路 路 路	路面(노면), 路線(노선), 道路(도로)
老	늙을 로	一 十 土 耂 耂 老	老年(노년), 老人(노인), 長老(장로)
勞 (労)	수고로울 로	丶 丷 火 炏 𤇾 𫇦 勞 (stroke order)	勞苦(노고), 勞力(노력), 勞作(노작)
綠	푸를 록	𠃋 幺 幺 糸 糹 綠 (stroke order)	綠色(녹색), 綠陰(녹음), 新綠(신록)

한자	훈음	필순	용례
論	의론할 론	言 訁 訡 訡 訡 詥 論 論 論	論文(논문), 論爭(논쟁), 結論(결론)
料	헤아릴 료	丶 丷 半 米 米 米 料 料	料金(요금), 料量(요량), 材料(재료)
柳	버들 류	一 十 木 木 朩 杧 杩 柳 柳	柳葉(유엽), 柳陰(유음), 細柳(세류)
留	머무를 류	丿 𠂋 𠂎 ⺈ 卯 㽞 留 留 留 留	留宿(유숙), 留學(유학), 居留(거류)
流	흐를 류	氵 氵 汁 汸 泋 泋 流 流	流動(유동), 流水(유수), 流通(유통)
六	여섯 륙	丶 亠 六 六	六經(육경), 六禮(육례), 六法(육법)
陸	뭍 륙	了 阝 阝 阝 阡 阹 陸 陸 陸 陸	陸軍(육군), 陸地(육지), 大陸(대륙)
倫	윤리 륜	丿 亻 亻 仒 伶 伶 倫 倫 倫 倫	倫理(윤리), 天倫(천륜), 五倫(오륜)

律	법, 가락 률	丿 彳 彳 彳 行 㣖 徍 律 律	律動(율동), 律法(율법), 軍律(군율)
里	마을 리	丨 冂 日 日 甲 甲 里	里數(이수), 里長(이장), 鄕里(향리)
利	이로울 리	丿 二 千 禾 禾 利 利	利用(이용), 利益(이익), 利害(이해)
理	이치 리	一 丁 王 王 玾 玾 玾 理 理 理	理論(이론), 理事(이사), 處理(처리)
李	오얏, 성씨 리	一 十 木 木 本 李 李	桃李(도리), 李氏(이씨)
林	수풀 림	一 十 才 木 木 村 材 林	林業(임업), 林野(임야), 山林(산림
立	설, 세울 립	丶 亠 亠 立 立	立法(입법), 立案(입안), 設立(설립)
馬	말 마	丨 厂 ㄏ 㔾 甲 馬 馬 馬 馬 馬	馬夫(마부), 馬術(마술), 牛馬(우마)

한자	훈음	쓰기	획순	용례
莫	없을, 아득할 막	莫	莫	莫強(막강), 莫論(막론), 廣莫(광막)
晩	늦을 만	晩	晩	晩年(만년), 晩鐘(만종), 晩秋(만추)
萬	일만 만	萬 万	萬	萬病(만병), 萬若(만약), 萬一(만일)
滿	찰 만	滿	滿	滿期(만기), 滿足(만족), 充滿(충만)
末	끝 말	末	一 二 キ 末 末	末端(말단), 末席(말석), 末日(말일)
亡	망할, 잃을 망	亡	亡	亡國(망국), 亡命(망명), 興亡(흥망)
忙	바쁠 망	忙	忙	多忙(다망), 忙中閑(망중한)
忘	잊을 망	忘	忘	不忘(불망), 忘年會(망년회)

한자	뜻과 음	쓰기	낱말
望	바랄, 보름 망	望	望月(망월), 望鄕(망향), 希望(희망)
每	매양 매	每	每回(매회), 每時間(매시간)
買	살 매	買	買入(매입), 買收(매수), 買官(매관)
賣	팔 매	賣 売	賣盡(매진), 賣買(매매), 發賣(발매)
妹	누이 매	妹	妹氏(매씨), 妹弟(매제), 男妹(남매)
麥	보리 맥		麥農(맥농), 麥酒(맥주), 大麥(대맥)
眠	잠잘 면	眠	不眠(불면), 冬眠(동면), 永眠(영면)
免	면할 면	免	免除(면제), 免責(면책), 放免(방면)

한자	쓰기	필순	낱말
勉 힘쓸 면	勉	ノ ク ク 各 名 爭 免 免 勉	勤勉(근면), 勉學(면학), 勉行(면행)
面 낯, 쪽 면	面	一 ア ㄏ 丙 而 而 而 面 面	面上(면상), 面責(면책), 顔面(안면)
名 이름 명	名	ノ ク タ タ 名 名	名單(명단), 名人(명인), 姓名(성명)
命 목숨, 분부 명	命	ノ 人 人 今 合 合 合 命	命令(명령), 生命(생명), 亡命(망명)
明 밝을 명	明	丨 冂 日 日 明 明 明 明	明白(명백), 明月(명월), 光明(광명)
鳴 울 명	鳴	丨 口 口 口' 口' 口' 口' 口 鳴 鳴	共鳴(공명), 鷄鳴(계명), 悲鳴(비명)
母 어머니 모	母	ㄴ 口 口 口 母	母國(모국), 母女(모녀), 父母(부모)
毛 털 모	毛	丿 二 三 毛	毛筆(모필), 二毛作(이모작)

한자	훈음	따라 쓰기	필순	낱말
暮	저물 모	暮	艹 艹 艹 芇 苜 苜 苴 莫 莫 暮	暮年(모년), 暮春(모춘), 日暮(일모)
木	나무 목	木	一 十 才 木	木石(목석), 木材(목재), 木造(목조)
目	눈 목	目	丨 冂 月 月 目	目禮(목례), 目次(목차), 耳目(이목)
卯	네째지지 묘	卯	′ ㄈ 卬 卯 卯	卯年(묘년), 卯生(묘생), 己卯(기묘)
妙	묘할 묘	妙	𡿨 女 女 女 女 妙 妙	妙技(묘기), 妙味(묘미), 妙數(묘수)
戊	다섯째천간 무	茂	丿 厂 𠂆 戊 戊	戊時(무시), 戊夜(무야), 戊午(무오)
茂	무성할 무		丶 十 艹 艹 芦 芦 茂 茂 茂	茂林(무림), 茂盛(무성), 茂特(무특)
武	무술, 무사 무	武	一 二 干 亍 正 正 武 武	武功(무공), 武勇(무용), 文武(문무)

漢字	뜻·음	필순	용례
務	힘쓸 무	㇇ ㇇ ㇇ 予 矛 矛 矜 矜 務 務	實務(실무), 公務(공무), 主務(주무)
無	없을 무	丿 𠂉 二 午 無 無 無 無 無 無	無知(무지), 無限(무한), 虛無(허무)
舞	춤출 무	丿 𠂉 無 無 無 舞 舞 舞 舞 舞	舞樂(무악), 歌舞(가무), 圓舞(원무)
墨	먹 묵	丨 冂 罒 罒 罒 里 黑 黑 黑 墨	墨畫(묵화), 近墨者黑(근묵자흑)
門	문 문	丨 ㄏ 尸 尸 尸 門 門 門	門戶(문호), 窓門(창문), 名門(명문)
問	물을 문	丨 ㄏ 尸 尸 尸 門 門 門 問 問	問答(문답), 問題(문제), 訪問(방문)
聞	들을 문	丨 ㄏ 尸 門 門 門 門 門 聞 聞	見聞(견문), 聞一知十(문일지십)
文	글월 문	丶 亠 ナ 文	文明(문명), 文字(문자), 文筆(문필)

勿 말, 없을 물	勿						
	ノ 勹 勿 勿				勿論(물론), 勿忘草(물망초)		
物 사물 물	物						
	ノ ㅗ 牛 牛 牜 牞 物 物				物價(물가), 物品(물품), 事物(사물)		
尾 꼬리, 끝 미	尾						
	ㄱ ㅋ 尸 尸 尸 尾 尾				尾行(미행), 後尾(후미), 末尾(말미)		
米 쌀 미	米						
	ㆍ ㆍ ㅛ 半 米 米				米價(미가), 米穀(미곡), 白米(백미)		
未 아닐 미	未						
	一 二 牛 未 未				未來(미래), 未明(미명), 己未(기미)		
味 맛 미	味						
	ㅣ ㅁ ㅁ 口 吇 吽 味 味				興味(흥미), 別味(별미), 意味(의미)		
美 아름다울 미	美						
	ヽ ソ 丷 ⺷ 䒑 羊 羊 美 美				美德(미덕), 美人(미인), 甘美(감미)		
民 백성 민	民						
	ㄱ ㅋ 尸 尸 民				民間(민간), 民主(민주), 國民(국민)		

한자	훈음	필순	용례
密	빽빽할 밀	丶 丷 宀 宀 宓 宓 宓 宓 密 密	密林(밀림), 密使(밀사), 密集(밀집)
朴	순박할 박	一 十 才 木 朴 朴	素朴(소박), 質朴(질박)
飯	밥 반	丿 人 今 今 今 今 食 食 飣 飯 飯	飯店(반점), 飯酒(반주), 白飯(백반)
反	돌이킬 반	一 厂 万 反	反對(반대), 反省(반성), 反逆(반역)
半	반 반	丶 丷 亠 亠 半	半分(반분), 過半數(과반수)
發	필, 일어날 발	フ ヲ ヲ' 癶 癶 癶 癶 發 發 發	發生(발생), 發電(발전), 滿發(만발)
方	모, 방위 방	丶 亠 方 方	方位(방위), 方向(방향), 地方(지방)
房	방 방	一 厂 戶 戶 戶 戶 房 房	房內(방내), 獨房(독방), 冷房(냉방)

防 막을 방	防
	⺈ 阝 阝 阝' 阝亠 阝方 防 — 防共(방공), 防止(방지), 國防(국방)
放 놓을 방	放
	丶 亠 方 方 方' 方ケ 方攵 放 — 放免(방면), 放送(방송), 解放(해방)
訪 찾을 방	訪
	丶 亠 亠 言 言 言 言' 言亠 訪 訪 — 訪問(방문), 訪美(방미), 探訪(탐방)
拜 절 배	拜
	丿 二 三 手 手 手 手 手 拜 — 拜禮(배례), 參拜(참배), 崇拜(숭배)
杯 잔 배	杯
	一 十 才 木 木一 杓 杯 杯 — 乾杯(건배), 金杯(금배), 玉杯(옥배)
白 흰 백	白
	丿 亻 白 白 白 — 白紙(백지), 白衣從軍(백의종군)
百 일백 백	百
	一 丆 丆 百 百 百 — 百萬(백만), 百姓(백성), 數百(수백)
番 차례 번	番
	一 ⺈ 丷 平 采 采 采 番 番 番 — 番地(번지), 番號(번호), 當番(당번)

漢字	쓰기	필순	용례
伐 칠, 벨 벌	伐	丿 亻 仁 代 伐 伐	伐木(벌목), 伐採(벌채), 殺伐(살벌)
凡 무릇 범	凡	丿 几 凡	凡例(범례), 凡夫(범부), 大凡(대범)
法 법 법	法	丶 冫 氵 氵 汁 沣 法 法	法度(법도), 法律(법률), 商法(상법)
變 변할 변	變 (变)	丶 言 言 信 絬 䜌 䜌 變 變 變	變更(변경), 變通(변통), 不變(불변)
別 다를, 나눌 별	別	丨 ㄇ 口 号 另 别 別	別個(별개), 別居(별거), 告別(고별)
兵 군사, 싸움 병	兵	丿 亻 仁 斤 丘 乒 兵	兵法(병법), 兵卒(병졸), 將兵(장병)
丙 세째천간 병	丙	一 丅 丙 丙 丙	丙科(병과), 丙夜(병야), 丙丁(병정)
病 병들 병	病	丶 亠 广 广 疒 疒 疒 疔 病 病	病者(병자), 病患(병환), 重病(중병)

한자	필순	용례
保 보전할 보	丿 亻 亻 伫 伫 但 伻 保 保	保安(보안), 保全(보전), 保證(보증)
步 걸음 보	丨 ⺊ 𠃊 止 牛 牛 步	步兵(보병), 步行(보행), 初步(초보)
報 갚을 보	一 十 土 丰 幸 幸 幸 𡙇 報 報	報答(보답), 結草報恩(결초보은)
福 복 복	二 亍 示 示 祀 祀 福 福 福 福	福音(복음), 幸福(행복), 多福(다복)
伏 엎드릴 복	丿 亻 仁 什 伏 伏	伏線(복선), 伏兵(복병), 三伏(삼복)
服 따를, 옷 복	丿 刀 月 月 肌 服 服 服	服從(복종), 着服(착복), 韓服(한복)
復 회복할 복 / 다시 부	彳 彳 彴 彴 徇 徇 復 復 復 復	復位(복위), 復活(부활), 光復(광복)
本 근본 본	一 十 才 木 本	本性(본성), 本質(본질), 根本(근본)

한자	훈음	필순	용례
逢	만날 봉	ノ ク 夂 夅 夆 夆 夆 逢 逢 逢	逢變(봉변), 逢着(봉착), 相逢(상봉)
奉	받들 봉	一 二 三 夫 夫 夫 奉 奉	奉命(봉명), 奉仕(봉사), 奉養(봉양)
夫	지아비 부	一 二 夫 夫	夫婦(부부), 人夫(인부), 匹夫(필부)
扶	도울 부	一 十 扌 扌 扌 扶 扶	相扶(상부), 扶助金(부조금)
父	아버지 부	ノ ハ ク 父	父母(부모), 父子(부자), 嚴父(엄부)
富	부자 부	丶 丶 宀 宀 宀 宀 宀 富 富 富	富者(부자), 巨富(거부), 豐富(풍부)
浮	뜰 부	丶 丶 氵 氵 氵 氵 氵 浮 浮 浮	浮雲(부운), 浮沈(부침), 浮力(부력)
部	거느릴, 떼 부	丶 亠 亠 立 立 咅 咅 咅 部 部	部族(부족), 部分(부분), 部下(부하)

한자	뜻과 음	필순	용례
婦	지어미 부	㇛ 女 女 女 妇 妇 婦 婦 婦 婦	賢婦(현부), 婦女子(부녀자)
否	아닐 부	一 ア 不 不 不 否 否	否決(부결), 否認(부인), 可否(가부)
北	북녘 북, 패할 배	丨 ㅓ ㅕ 丬 北	北極(북극), 北向(북향), 敗北(패배)
分	나눌, 분명할 분	丿 八 分 分	分數(분수), 大義名分(대의명분)
不	아닐 불	一 ア 不 不	不可(불가), 不利(불리), 不動(부동)
佛	부처 불	丿 亻 仁 仨 佀 佛 佛	佛敎(불교), 佛寺(불사), 成佛(성불)
朋	벗 붕	丿 刀 月 月 肌 朋 朋 朋	朋徒(붕도), 朋友有信(붕우유신)
比	견줄 비	一 上 上 比	比等(비등), 比例(비례), 對比(대비)

한자	쓰기	필순	용례
非 아닐, 나무랄 비	非	丿 亅 ㇐ ㇐ 刲 非 非 非	非難(비난), 非凡(비범), 非常(비상)
悲 슬플 비	悲	丿 亅 ㇐ ㇐ 刲 非 非 悲 悲 悲	悲觀(비관), 悲哀(비애), 喜悲(희비)
飛 날 비	飛	㇠ 飞 飞 飞 飞 飛 飛 飛 飛	飛鳥(비조), 飛行(비행), 飛虎(비호)
鼻 코 비	鼻	丿 丨 白 自 自 自 自 鼻 鼻 鼻	鼻音(비음), 鼻笑(비소), 鼻祖(비조)
備 갖출 비	備	亻 亻 什 佯 佯 併 備 備 備 備	守備(수비), 有備無患(유비무환)
貧 가난할 빈	貧	丿 八 分 分 分 貧 貧 貧 貧 貧	貧困(빈곤), 貧寒(빈한), 貧血(빈혈)
氷 얼, 얼음 빙	氷	亅 亅 氵 氷 氷	氷山(빙산), 氷河(빙하), 結氷(결빙)
巳 여섯째지지 사	巳	㇆ コ 巳	巳時(사시), 乙巳(을사)

한자	훈음	필순	용례
四	넉 사	丨 冂 冂 四 四	四面(사면), 四海同胞(사해동포)
士	선비, 무사 사	一 十 士	士氣(사기), 士大夫(사대부)
仕	섬길, 벼슬 사	丿 亻 仁 什 仕	出仕(출사), 奉仕(봉사), 致仕(치사)
寺	절 사	一 十 土 土 寺 寺	寺院(사원), 寺田(사전), 本寺(본사)
史	역사 사	丨 口 口 史 史	史家(사가), 史官(사관), 歷史(역사)
使	부릴, 사신 사	丿 亻 亻 仁 佢 佢 使 使	使役(사역), 使用(사용), 使臣(사신)
舍	집 사	丿 人 亼 亼 全 舍 舍 舍	舍宅(사택), 校舍(교사), 官舍(관사)
射	쏠 사	丿 亻 冂 冂 自 自 身 身 射 射	射殺(사살), 射手(사수), 注射(주사)

한자	훈음	필순	용례
謝	사례할 사	謝	謝過(사과), 謝絶(사절), 感謝(감사)
師	스승 사	師	恩師(은사), 師弟(사제), 敎師(교사)
死	죽을 사	一 歹 死	死亡(사망), 死因(사인), 病死(병사)
私	사사로울 사	禾 私	私立(사립), 私情(사정), 公私(공사)
絲	실 사	糸 絲	綿絲(면사), 毛絲(모사), 鐵絲(철사)
思	생각 사	田 思	思考(사고), 思想(사상), 意思(의사)
事	일 사	一 事	事務(사무), 事物(사물), 行事(행사)
山	메 산	山	山所(산소), 山野(산야), 名山(명산)

한자	뜻·음	필순	용례
産	낳을 산	亠 亣 立 产 产 产 産 産 産	産母(산모), 産物(산물), 生産(생산)
散	흩어질 산	一 卄 廾 丗 昔 昔 背 背 散 散	散步(산보), 閑散(한산), 解散(해산)
算	셈놓을 산	丿 𠂉 ⺮ 竹 竹 笞 筲 算 算 算	算數(산수), 暗算(암산), 計算(계산)
殺	죽일 살 / 덜 쇄	丿 乂 亼 杀 杀 杀 杀 㸚 殺 殺	殺傷(살상), 相殺(상쇄), 殺到(쇄도)
三	석 삼	一 二 三	三軍(삼군), 三冬(삼동), 再三(재삼)
上	위 상	ㆍ 卜 上	上陸(상륙), 上下(상하), 上京(상경)
常	항상, 법상 상	丨 丷 ⺌ 尚 尚 常 常 常 常 常	常設(상설), 常識(상식), 非常(비상)
賞	상줄 상	丨 丷 ⺌ ⺌ 尚 尚 賞 賞 賞 賞	賞金(상금), 賞品(상품), 受賞(수상)

한자	뜻·음	필순	용례
商	장사 상	亠 亡 产 产 丙 丙 商 商 商 商	商街(상가), 商工(상공), 通商(통상)
相	서로 상	一 十 才 木 相 相 相 相 相	相對(상대), 相面(상면), 相續(상속)
想	생각할 상	十 木 相 相 相 相 想 想 想 想	想念(상념), 思想(사상), 感想(감상)
傷	상할 상	亻 仁 作 作 作 傷 傷 傷 傷 傷	傷心(상심), 死傷(사상), 輕傷(경상)
喪	잃을, 초상 상	一 丆 丆 丆 丆 喪 喪 喪 喪 喪	喪家(상가), 喪服(상복), 喪心(상심)
尙	오히려 상	丨 丷 小 尙 尙 尙 尙 尙	高尙(고상), 時機尙早(시기상조)
霜	서리 상	雨 雨 雨 霜 霜 霜 霜 霜 霜 霜	霜雪(상설), 霜害(상해), 秋霜(추상)
色	빛깔 색	ノ ク 刍 刍 刍 色	色感(색감), 色相(색상), 靑色(청색)

한자	훈음	필순	용례
生	날, 살 생	丿 𠂉 𠂒 牛 生	生產(생산), 生活(생활), 出生(출생)
西	서녘 서	一 丆 丙 两 襾 西	西方(서방), 西洋(서양), 東西(동서)
序	차례 서	丶 亠 广 户 户 庐 序	序文(서문), 序列(서열), 順序(순서)
書	글 서	一 ⺕ ⺕ 聿 聿 聿 書 書 書 書	書記(서기), 書冊(서책), 書畫(서화)
暑	더울 서	丨 冂 日 日 旦 早 昱 暑 暑 暑	暑氣(서기), 暑中(서중), 寒暑(한서)
昔	예 석	一 十 廾 共 艹 昔 昔 昔	昔年(석년), 昔日(석일), 今昔(금석)
惜	아까울 석	丶 丷 忄 忄 忄 惜 惜 惜 惜 惜	惜別(석별), 惜敗(석패), 哀惜(애석)
石	돌 석	一 厂 丆 石 石	石工(석공), 石筆(석필), 金石(금석)

한자	필순	용례
夕 저녁 석	ノ ク 夕	夕陽(석양), 一朝一夕(일조일석)
席 자리 석	丶 亠 广 广 庐 庐 庐 庐 庴 席	席順(석순), 席次(석차), 座席(좌석)
先 먼저 선	ノ 𠂉 ⺧ 生 牛 先	先頭(선두), 先着(선착), 先手(선수)
仙 신선 선	ノ 亻 仆 仙 仙	仙家(선가), 仙女(선녀), 神仙(신선)
線 실, 줄 선	乙 幺 幺 糸 糸 約 綿 綿 線 線	路線(노선), 視線(시선), 電線(전선)
鮮 고울 선	勹 ⺈ 䒑 角 角 角 魚 魚 鮮 鮮	鮮明(선명), 鮮血(선혈), 新鮮(신선)
善 착할 선	丶 丷 䒑 兰 兰 羊 羊 羔 盖 善	善惡(선악), 善男善女(선남선녀)
船 배 선	ノ 丿 介 介 角 舟 舟 舡 船 船	船長(선장), 難破船(난파선)

한자	훈음	필순	낱말
選	가릴 선	ㄱ ㄱ ㄹ 𠔉 𠔉 巽 巽 巽 選 選	選擧(선거), 選定(선정), 入選(입선)
雪	눈 설	一 ㄏ 币 币 币 雨 雨 雪 雪 雪	雪景(설경), 雪寒風(설한풍)
說	말씀 설 / 달랠 세	丶 亠 亠 言 言 言 言 訁 說 說	說明(설명), 力說(역설), 遊說(유세)
設	베풀 설	丶 亠 亠 言 言 言 言 訁 設 設	設計(설계), 設立(설립), 建設(건설)
舌	혀 설	丿 二 千 千 舌 舌	舌音(설음), 筆舌(필설)
姓	성, 겨레 성	𡿨 女 女 女 女 姓 姓 姓	姓名(성명), 姓氏(성씨), 百姓(백성)
性	성품 성	丶 小 忄 忄 忄 性 性 性	性格(성격), 性情(성정), 野性(야성)
成	이룰 성	丿 厂 厂 万 成 成 成	成功(성공), 成立(성립), 達成(달성)

漢字	훈음	필순	용례	약자
城	성 성	一 十 土 圵 圹 圻 坊 城 城 城	城主(성주), 城門(성문), 山城(산성)	城
誠	정성 성	丶 亠 言 言 訂 訂 訢 試 誠 誠	誠實(성실), 誠意(성의), 至誠(지성)	
盛	성할 성	丿 厂 斤 斤 成 成 成 成 盛 盛	盛大(성대), 盛昌(성창), 全盛(전성)	
省	살필 성 / 덜 생	丨 丿 小 少 少 省 省 省 省	省察(성찰), 省略(생략), 反省(반성)	
星	별 성	丨 冂 日 日 旦 旦 早 星 星	星辰(성신), 星霜(성상), 恒星(항성)	
聖	성인 성	一 丅 F 耳 耳 耳口 耳口 聖 聖 聖	聖人(성인), 聖賢(성현), 神聖(신성)	
聲	소리 성	一 十 士 壴 壴 声 声 殸 殸 聲	聲量(성량), 聲樂(성악), 音聲(음성)	声
世	세상 세	一 十 廾 廿 世	世上(세상), 世代(세대), 末世(말세)	卋

한자	훈음	용례
洗	씻을 세	洗禮(세례), 洗面(세면), 洗水(세수)
稅	세금 세	稅關(세관), 稅金(세금), 稅務(세무)
細	가늘 세	細心(세심), 細雨(세우), 子細(자세)
勢	형세, 세력 세	情勢(정세), 權門勢家(권문세가)
歲	해, 나이 세	歲暮(세모), 歲月(세월), 年歲(연세)
小	작을 소	小心(소심), 小兒(소아), 大小(대소)
少	적을, 젊을 소	少年(소년), 少量(소량), 減少(감소)
所	(~하는)바 소	所感(소감), 所見(소견), 場所(장소)

한자	쓰기	획순	낱말
消 사라질, 녹을 소	消	消	消火(소화), 消失(소실), 消化(소화)
素 흴, 본디 소	素	素	素服(소복), 素質(소질), 元素(원소)
笑 웃음 소	笑	笑	笑顏(소안), 破顏大笑(파안대소)
俗 풍속 속	俗	俗	民俗(민속), 美風良俗(미풍양속)
速 빠를 속	速	速	速度(속도), 速讀(속독), 急速(급속)
續 이을 속	續 (続)	續	續出(속출), 續篇(속편), 連續(연속)
孫 손자 손	孫	孫	後孫(후손), 子子孫孫(자자손손)
松 소나무 송	松	松	松林(송림), 松竹(송죽), 老松(노송)

字	筆順	用例
送 보낼 송	丶 丷 ㅅ 乊 关 关 `关 㳄 送	送別(송별), 送舊迎新(송구영신)
水 물 수	亅 刁 才 水	水力(수력), 水銀(수은), 湖水(호수)
手 손 수	一 二 三 手	手記(수기), 手足(수족), 名手(명수)
受 받을 수	一 ㄑ ㄑ 爫 爫 爫 受 受	受賞(수상), 傳受(전수), 接受(접수)
授 줄 수	一 十 扌 扌 扌 扌 扌 扌 授 授	授業(수업), 授與(수여), 敎授(교수)
首 머리 수	丶 丷 䒑 䒑 产 首 首 首 首	首席(수석), 首位(수위), 首領(수령)
守 지킬 수	丶 丶 宀 宀 守 守	守備(수비), 守節(수절), 郡守(군수)
收 거둘 수	丨 丩 屮 屮 收 收	收益(수익), 收入(수입), 秋收(추수)

한자	훈음	필순	용례
須	모름지기 수	彡 彡 ⺀ … 須	須臾(수유), 須知(수지), 必須(필수)
樹	나무 수	木 … 樹	樹林(수림), 樹立(수립), 樹木(수목)
雖	비록 수	口 … 雖	雖然(수연)
壽	목숨 수	一 十 … 壽	壽命(수명), 壽福(수복), 長壽(장수)
誰	누구 수	亠 言 … 誰	誰怨誰咎(수원수구), 誰何(수하)
愁	근심 수	一 二 千 禾 禾 和 秋 秋 愁	愁心(수심), 客愁(객수), 哀愁(애수)
數 (数)	헤아릴 수	口 … 數	數學(수학), 運數(운수), 數萬(수만)
修	닦을, 고칠 수	丿 亻 亻 … 修	修理(수리), 修學(수학), 改修(개수)

純 순수할 순	純 ㄥ 纟 幺 糸 糸 糸 糽 紅 紅 純 — 純潔(순결), 純情(순정), 純眞(순진)
順 순할, 차례 순	順 丿 川 川 川 川 川 順 順 順 順 — 順序(순서), 順從(순종), 溫順(온순)
秀 빼어날 수	秀 一 二 千 禾 禾 秀 秀 — 秀麗(수려), 秀才(수재), 優秀(우수)
叔 아재비 숙	叔 丨 卜 上 于 宇 未 叔 叔 — 叔父(숙부), 堂叔(당숙), 外叔(외숙)
宿 잘, 별이름 숙	宿 丶 丶 宀 宀 宀 宀 宿 宿 宿 宿 — 宿命(숙명), 宿食(숙식), 星宿(성수)
淑 맑을 숙	淑 丶 氵 氵 氵 氵 汁 汁 沫 淑 淑 — 淑女(숙녀), 貞淑(정숙), 賢淑(현숙)
戌 열한째지지 술	戌 丿 厂 F 氏 戌 戌 — 戌方(술방), 戌時(술시), 戊戌(무술)
崇 높일, 높을 숭	崇 丨 山 山 山 屵 岜 岩 峃 崇 崇 — 崇高(숭고), 崇拜(숭배), 崇尙(숭상)

한자	훈음	필순	용례
拾	주울 습 / 열 십	一 十 扌 扌 扑 拎 拎 拾 拾	拾得(습득), 拾萬(십만), 收拾(수습)
習	익힐 습	ㄱ ㄲ ㄲ 羽 羽 羽 羽 習 習 習	習得(습득), 習性(습성), 學習(학습)
承	이을 승	了 了 子 手 手 承 承 承	承服(승복), 繼承(계승), 承認(승인)
勝	이길 승	丿 月 月 月 月' 胖 胖 朕 勝 勝	勝利(승리), 不戰勝(부전승)
乘	탈 승	一 二 千 千 乖 乖 乖 乘 乘 乘	乘馬(승마), 乘車(승차), 乘除(승제)
是	옳을, 이 시	丨 口 日 日 旦 早 早 是 是	是非(시비), 是認(시인), 是正(시정)
市	저자, 도시 시	亠 亠 方 市	市街(시가), 市場(시장), 都市(도시)
示	보일 시	一 二 亍 亓 示	示威(시위), 明示(명시), 指示(지시)

한자	훈음	필순	낱말
時	때 시	丨 冂 月 日 日一 日十 日土 時 時	時間(시간), 時計(시계), 同時(동시)
詩	시 시	丶 亠 亠 言 言一 言十 言土 詩 詩	詩歌(시가), 詩經(시경), 詩人(시인)
視	볼 시	一 二 亍 亓 示 礻 视 視 視 視	視力(시력), 視野(시야), 注視(주시)
施	베풀 시	丶 亠 方 方 方 方 旃 施 施	施設(시설), 施行(시행), 實施(실시)
試	시험할 시	丶 亠 亠 亠 言 言 言 試 試 試	試驗(시험), 考試(고시), 入試(입시)
始	비로소 시	𡿨 女 女 女 妒 始 始 始	始作(시작), 始祖(시조), 開始(개시)
氏	씨 씨	丿 𠂆 氏 氏	氏族(씨족), 姓氏(성씨), 金氏(김씨)
食	먹을, 음식 식	丿 人 人 今 今 今 食 食 食	食客(식객), 食用(식용), 飮食(음식)

한자	훈음	필순	용례
式	법, 꼴 식	一 二 亍 三 式 式	式場(식장), 公式(공식), 形式(형식)
植	심을 식	十 木 木 杧 杧 枋 栯 植 植 植	植木(식목), 植物(식물), 移植(이식)
識	알 식 기록할 지	亠 言 言 言 詝 諳 諳 識 識 識	識別(식별), 知識(지식), 標識(표지)
身	몸 신	′ 亻 冂 冃 自 自 身	身分(신분), 身體(신체), 心身(심신)
申	아뢸 신	丨 冂 日 日 申	申告(신고), 申請(신청), 上申(상신)
神	귀신 신	一 二 亍 亓 示 示 祀 和 祁 神	神靈(신령), 神仙(신선), 精神(정신)
臣	신하 신	丨 厂 厂 戸 戸 戸 臣	臣下(신하), 君臣(군신), 忠臣(충신)
信	믿을 신	丿 亻 亻 仁 仁 信 信 信 信	信念(신념), 信用(신용), 電信(전신)

辛 매울, 괴로울 신	辛
	丶 亠 亡 立 立 辛 辛 — 辛苦(신고), 辛味(신미), 辛勝(신승)
新 새 신	新
	亠 立 立 辛 辛 亲 亲 新 新 新 — 新作(신작), 溫故知新(온고지신)
失 잃을 실	失
	丿 𠂉 二 牛 失 — 失禮(실례), 失望(실망), 過失(과실)
室 집, 아내 실	室
	丶 丶 宀 宀 宀 宀 宀 室 室 — 室內(실내), 敎室(교실), 正室(정실)
實 열매 실	實 実
	丶 丶 宀 宀 宀 宀 宀 宀 寊 實 — 實果(실과), 實行(실행), 眞實(진실)
心 마음 심	心
	丶 心 心 心 — 心血(심혈), 愛鄕心(애향심)
甚 심할 심	甚
	一 十 廾 廿 甘 甘 其 甚 甚 — 極甚(극심), 甚至於(심지어)
深 깊을 심	深
	氵 氵 氵 氵 氵 氵 氵 浑 深 深 — 深夜(심야), 深海(심해), 水深(수심)

한자	훈음	필순	용례
十	열 십	一十	數十(수십), 十中八九(십중팔구)
我	나 아		自我(자아), 我田引水(아전인수)
兒 (児)	아이 아		兒童(아동), 幼兒(유아), 育兒(육아)
惡 (悪)	악할 악 / 미워할 오		惡人(악인), 惡寒(오한), 善惡(선악)
安	편안할 안		安否(안부), 安全(안전), 治安(치안)
顔	얼굴 안		顔面(안면), 顔色(안색), 龍顔(용안)
案	눈 안		圖案(도안), 案席(안석), 考案(고안)
眼	책상, 안건 안		眼目(안목), 眼前(안전), 着眼(착안)

한자	훈음	쓰기	필순	용례
暗	어두울 암	暗	日 日' 日亠 日亣 日立 日立 暗 暗 暗 暗	暗記(암기), 暗行(암행), 明暗(명암)
巖	바위 암	巖	山 山口 巖 巖 巖 巖 巖 巖 巖 巖	巖石(암석), 火成巖(화성암)
仰	우러러볼 앙	仰	ノ 亻 亻' 亻𠂉 仰 仰	仰望(앙망), 崇仰(숭앙), 信仰(신앙)
愛	사랑 애	愛	ノ ⺤ ⺤ 爫 爫 愛 愛 愛 愛 愛	愛國(애국), 愛情(애정), 親愛(친애)
哀	슬플 애	哀	丶 亠 亣 亣 古 户 哀 哀 哀	哀情(애정), 哀歡(애환), 悲哀(비애)
也	어조사 야	也	ㄱ 乜 也	獨也靑靑(독야청청)
夜	밤 야	夜	丶 亠 广 亣 夜 夜 夜 夜	夜間(야간), 深夜(심야), 晝夜(주야)
野	들 야	野	丨 冂 日 甲 甲 里 野 野 野 野	野談(야담), 野人(야인), 平野(평야)

한자	훈음	필순	용례
弱	약할, 어릴 약	ㄱ ㄱ 弓 弓 弓 弱 弱 弱 弱 弱	弱者(약자), 強弱(강약), 弱勢(약세)
約	맺을, 검소할 약	𠃋 幺 幺 糸 糸 糸 約 約 約	約婚(약혼), 約定(약정), 節約(절약)
若	같을, 만일 약	丶 丶 丷 艹 艹 芓 若 若 若	若干(약간), 萬若(만약)
藥 (薬)	약 약	丷 艹 芢 苩 葯 蕐 藥 藥 藥 藥	藥物(약물), 藥草(약초), 漢藥(한약)
洋	큰바다 양	丶 冫 氵 氵 氵 氵 洋 洋 洋	洋式(양식), 西洋(서양), 大洋(대양)
揚	오를, 날릴 양	一 十 扌 扌 扣 担 担 担 揚 揚	揚陸(양륙), 立身揚名(입신양명)
讓	사양할 양	言 言 訁 訁 訁 譁 譁 讓 讓 讓	讓步(양보), 讓位(양위), 辭讓(사양)
羊	양 양	丶 丷 䒑 兰 兰 羊	羊毛(양모), 羊皮(양피), 羊肉(양육)

한자	뜻·음	예
養	기를 양	養成(양성), 養育(양육), 敎養(교양)
陽	볕 양	陽性(양성), 陽地(양지), 夕陽(석양)
於	어조사 어	於是乎(어시호), 甚至於(심지어)
魚	고기 어	魚物(어물), 魚族(어족), 養魚(양어)
漁	고기잡을 어	漁夫(어부), 漁夫之利(어부지리)
語	말할, 말 어	語調(어조), 語族(어족), 言語(언어)
億	헤아릴, 억 억	億年(억년), 億測(억측), 億兆(억조)
憶	생각할 억	憶念(억념), 記憶(기억), 追憶(추억)

한자	훈음	필순	용례
言	말씀 언	丶 亠 亠 亖 亖 言 言	言論(언론), 言明(언명), 言約(언약)
嚴	엄할 엄	丨 ᄆ ᄆᄆ 吅 严 严 产 产 岸 嚴	嚴格(엄격), 嚴親(엄친), 威嚴(위엄)
業	일, 학업 업	丨 丨丨 丨丨丨 丨丨丨丨 丵 丵 丵 业 丵 業	業務(업무), 自業自得(자업자득)
如	같을 여	𡿨 女 女 如 如 如	如前(여전), 何如間(하여간)
與	더불 여	′ 𠂉 ⺊ ⺊ 𦥑 𦥑 𦥑 𦥑 與 與	與件(여건), 參與(참여), 關與(관여)
餘	남을 여	𠆢 今 今 食 食 飠 餘 餘 餘 餘	餘分(여분), 餘地(여지), 餘白(여백)
余	나 여	丿 人 亼 亼 仐 余 余	余等(여등), 余月(여월)
汝	너 여	丶 冫 氵 汝 汝 汝	汝等(여등), 汝輩(여배)

한자	뜻·음	필순	낱말
亦	또 역	亠 𠆢 亣 亦 亦	亦是(역시), 亦然(역연)
易	바꿀 역 / 쉬울 이	丨 冂 日 日 月 昜 昜 易	交易(교역), 貿易(무역), 難易(난이)
逆	거스를 역	丶 丷 䒑 屰 屰 屰 逆 逆 逆	逆說(역설), 逆行(역행), 反逆(반역)
然	그러할 연	丿 ク 夕 夕 夕 外 肰 肰 然 然	然而(연이), 當然(당연), 自然(자연)
煙	연기 연	丶 丷 火 灬 炉 炳 烟 烟 煙 煙	禁煙(금연), 愛煙家(애연가)
研	갈, 궁구할 연	一 丆 不 石 石 石 石 矸 矸 研	研究(연구), 研武(연무), 研修(연수)
悅	기쁠 열	丶 丷 忄 忄 忄 忄 怡 怡 恱 悅	悅樂(열락), 悅服(열복), 喜悅(희열)
熱	더울 열	十 土 夫 去 坴 坴 埶 埶 埶 熱	熱氣(열기), 熱誠(열성), 身熱(신열)

한자	훈음	용례
炎	탈, 더울 염	炎暑(염서), 炎天(염천), 火炎(화염)
葉	잎사귀 엽	葉錢(엽전), 葉草(엽초), 落葉(낙엽)
永	길 영	永久(영구), 永遠(영원), 永生(영생)
英	꽃부리 영	英雄(영웅), 英才(영재), 英語(영어)
榮	영화 영	榮光(영광), 榮華(영화), 繁榮(번영)
迎	맞을 영	送迎(송영), 迎接(영접), 歡迎(환영)
藝 (芸)	재주 예	藝能(예능), 藝術(예술), 手藝(수예)
吾	나 오	吾等(오등), 吾人(오인)

漢字	훈음	쓰는 순서	용례
烏	까마귀 오	烏	烏竹(오죽), 烏合之卒(오합지졸)
悟	깨달을 오	悟	悟道(오도), 悟性(오성), 覺悟(각오)
五	다섯 오	一 丆 五 五	五穀(오곡), 五官(오관), 五色(오색)
午	낮 오	丿 𠂉 午 午	午前(오전), 正午(정오), 下午(하오)
誤	그르칠 오	誤	誤記(오기), 誤解(오해), 正誤(정오)
玉	구슬 옥	一 丅 干 王 玉	玉石(옥석), 玉手(옥수), 玉篇(옥편)
屋	집 옥	屋	屋上(옥상), 屋外(옥외), 家屋(가옥)
溫	따뜻할 온	溫	溫氣(온기), 溫泉(온천), 溫和(온화)

瓦 기와 와	瓦						
	一 丅 丆 瓦 瓦				瓦家(와가), 瓦器(와기), 瓦當(와당)		
臥 누울 와	臥						
	丨 厂 𠂆 𦣞 𦣞 𦣞 臣 臥 臥				臥龍(와룡), 臥病(와병), 臥床(와상)		
完 완전할 완	完						
	丶 丷 宀 宀 宀 字 完				完決(완결), 完快(완쾌), 完全(완전)		
曰 가로되 왈	曰						
	丨 冂 日 曰				曰字(왈자), 曰可曰否(왈가왈부)		
王 임금 왕	王						
	一 丁 干 王				王家(왕가), 王室(왕실), 君王(군왕)		
往 갈 왕	往						
	丿 彡 彳 彳 彳 彳 往 往				往來(왕래), 往生極樂(왕생극락)		
外 바깥 외	外						
	丿 ク 夕 夘 外				外國(외국), 外出(외출), 除外(제외)		
要 요긴할 요	要						
	一 厂 冂 襾 襾 襾 覀 要 要				要求(요구), 要請(요청), 必要(필요)		

한자	훈음	필순	용례
欲	하고자할 욕	ノ 八 仌 夵 谷 谷 谷 谷' 欲 欲	欲求(욕구), 欲望(욕망), 情欲(정욕)
浴	목욕 욕	丶 冫 氵 氵 氵 氵 氵 浴 浴 浴	浴室(욕실), 海水浴(해수욕)
用	쓸 용	丿 冂 月 月 用	用度(용도), 用務(용무), 使用(사용)
勇	날랠 용	乛 マ 乛 丙 丙 甬 甬 勇 勇	勇氣(용기), 武勇談(무용담)
容	얼굴 용	丶 丷 宀 宀 宀 宂 宊 容 容 容	容量(용량), 容易(용이), 內容(내용)
于	어조사 우	一 二 于	于今(우금), 于先(우선)
宇	집 우	丶 丷 宀 宀 宇 宇	宇宙(우주), 宇內(우내), 屋宇(옥우)
憂	근심 우	一 丆 丙 百 直 惪 惪 憂 憂 憂	憂患(우환), 憂國之士(우국지사)

又 또 우	又
	丆 又	又況(우황), 又日新(우일신)

尤 더욱 우	尤
	一 ナ 九 尤	尤極(우극), 尤甚(우심), 怨尤(원우)

右 오른쪽 우	右
	ノ ナ 才 右 右	右手(우수), 右便(우편), 左右(좌우)

牛 소 우	牛
	ノ 𠂉 𠂇 牛	牛馬(우마), 牛車(우차), 牛乳(우유)

友 벗 우	友
	一 ナ 方 友	友愛(우애), 友情(우정), 親友(친우)

雨 비 우	雨
	一 丆 门 币 帀 雨 雨 雨	雨期(우기), 雨中(우중), 暴雨(폭우)

遇 만날 우	遇
	口 日 日 月 禺 禺 禺 禺 禺 遇	待遇(대우), 千載一遇(천재일우)

云 이를 운	云
	一 二 云 云	云云(운운), 云為(운위), 云謂(운위)

한자	쓰기	필순	용례
雲 구름 운	雲	一 厂 冖 帀 币 雨 雨 雲 雲 雲	雲集(운집), 雲海(운해), 青雲(청운)
運 운전할 운	運	丶 冖 冖 冖 旨 旨 宣 軍 渾 運 運	運動(운동), 運轉(운전), 運行(운행)
雄 굳셀, 수컷 웅	雄	一 ナ 𠂇 厷 厷 厷 厷 厷 雄 雄	雄大(웅대), 雄壯(웅장), 英雄(영웅)
元 으뜸, 근원 원	元	一 二 テ 元	元年(원년), 元來(원래), 元素(원소)
原 근원, 들판 원	原	一 厂 厂 厂 厉 盾 盾 原 原 原	原本(원본), 原始(원시), 原初(원초)
願 원할 원	願	一 厂 厂 盾 原 原 原 厡 願 願	願望(원망), 願書(원서), 所願(소원)
遠 멀 원	遠	一 十 土 吉 吉 吉 袁 袁 遠 遠	遠路(원로), 遠洋(원양), 深遠(심원)
園 구역, 동산 원	園	冂 冂 冂 冂 周 周 周 周 園 園	園藝(원예), 庭園(정원), 學園(학원)

怨	怨						
원망할 원	ノ ク タ 夗 夗 夗 怨 怨 怨				怨望(원망), 怨恨(원한), 宿怨(숙원)		
圓	圓						
둥글 원	冂 冋 冋 冋 冋 圓 圓 圓 圓				圓心(원심), 圓舞(원무), 圓滿(원만)		
月	月						
달 월	ノ 几 月 月				月光(월광), 月末(월말), 明月(명월)		
位	位						
벼슬, 자리 위	ノ イ 亻 亻 亻 位 位				在位(재위), 王位(왕위), 單位(단위)		
危	危						
위태할 위	ノ 𠂊 ⺈ 产 危 危				危急(위급), 危害(위해), 危險(위험)		
爲	爲						
할, 될 위	一 ⺈ ⺈ ⺈ 爫 爫 爫 爲 爲 爲				爲政(위정), 爲國(위국), 人爲(인위)		
威	威						
위엄, 세력 위	ノ 厂 厂 厂 反 反 威 威 威				威力(위력), 威嚴(위엄), 威信(위신)		
偉	偉						
클, 위대할 위	イ 亻 亻 伫 伫 倍 倍 偉 偉 偉				偉大(위대), 偉業(위업), 偉人(위인)		

한자	훈음	필순	용례
由	말미암을 유	丨 冂 巾 由 由	由來(유래), 理由(이유), 自由(자유)
酉	열째지지 유	一 丅 丙 丙 两 西 酉	酉年(유년), 酉時(유시), 乙酉(을유)
猶	오히려 유	ノ 犭 犭 犭 犭 犹 犹 猶 猶 猶	猶豫(유예), 猶爲不足(유위부족)
唯	오직 유	丨 口 口 口 口 口 吖 吖 唯 唯 唯	唯一(유일), 唯我獨尊(유아독존)
柔	부드러울 유	乛 マ 子 予 矛 矛 柔 柔 柔	柔順(유순), 柔和(유화), 溫柔(온유)
幼	어릴 유	乙 幺 幺 幻 幼	幼年(유년), 幼兒(유아), 長幼(장유)
油	기름 유	丶 氵 氵 汩 油 油 油	油田(유전), 精油(정유), 香油(향유)
有	있을 유	ノ ナ 十 有 有 有	有能(유능), 有無(유무), 所有(소유)

한자	훈음	필순	용례
遊	놀 유	亠 方 方 方 方 斿 斿 斿 游 遊	遊學(유학), 遊說(유세), 外遊(외유)
遺	끼칠 유	口 中 中 冉 冉 冑 貴 貴 遺 遺	遺產(유산), 遺言(유언), 遺業(유업)
肉	고기, 혈연 육	丨 冂 内 内 肉 肉	肉聲(육성), 肉食(육식), 肉親(육친)
育	기를 육	亠 亡 亡 云 育 育 育	育兒(육아), 育英(육영), 敎育(교육)
銀	은 은	𠆢 亼 今 金 金 釕 釕 銀 銀 銀	銀貨(은화), 銀世界(은세계)
恩	은혜 은	丨 冂 冃 冈 因 因 因 恩 恩 恩	恩德(은덕), 恩惠(은혜), 天恩(천은)
乙	새, 둘째천간 을	乙	乙夜(을야), 乙種(을종), 甲乙(갑을)
音	소리 음	丶 亠 亠 立 立 产 音 音 音	音聲(음성), 音樂(음악), 發音(발음)

吟	吟						
읊을 음	丨 ㄇ ㅁ 叭 吟 吟 吟				吟味(음미), 吟風詠月(음풍영월)		
飮	飮						
마실 음	ノ 人 今 今 今 食 食 食 飮 飮				飮食(음식), 飮酒(음주), 飮料(음료)		
陰	陰						
그늘 음	ㄱ ３ 阝 阝 阝 阝 陰 陰 陰 陰				陰性(음성), 陰陽(음양), 綠陰(녹음)		
邑	邑						
고을 읍	丨 ㅁ ㅁ 邑 邑 邑 邑				邑里(읍리), 邑面(읍면), 都邑(도읍)		
泣	泣						
울 읍	丶 冫 氵 氵 氵 氵 泣 泣				泣請(읍청), 感泣(감읍), 悲泣(비읍)		
應	應						応
응할 응	丶 一 广 广 广 广 广 應 應 應				應答(응답), 應變(응변), 反應(반응)		
衣	衣						
옷 의	丶 一 ナ 衣 衣 衣				衣服(의복), 衣食住(의식주)		
依	依						
의존할, 좇을 의	ノ 亻 亻 亻 亻 依 依 依				依存(의존), 依支(의지), 歸依(귀의)		

漢字	훈음	필순	용례
義	옳을 의	義	義擧(의거), 義務(의무), 正義(정의)
議	의논할 의	議	議會(의회), 不可思議(불가사의)
矣	어조사 의	矣	萬事休矣(만사휴의)
醫	의원 의	醫	醫師(의사), 醫藥(의약), 醫院(의원)
意	뜻 의	意	意見(의견), 意味(의미), 敬意(경의)
二	두(둘) 이	一 二	二分(이분), 二毛作(이모작)
以	~써 이	以	以前(이전), 以心傳心(이심전심)
已	이미 이	已	已往(이왕), 不得已(부득이)

한자	훈음	필순	용례
耳	귀 이	一 丁 下 F 巨 耳	耳目(이목), 耳順(이순), 外耳(외이)
異	다를 이	口 四 田 田 田 甲 里 畢 異 異	異常(이상), 驚異(경이), 異說(이설)
而	어조사 이	一 丆 丆 丙 而 而	而後(이후), 而今(이금)
移	옮길 이	丿 二 千 禾 禾 禾 移 移 移 移	移動(이동), 移民(이민), 移住(이주)
益	더할 익	丿 八 亼 父 父 谷 谷 谷 益 益	有益(유익), 多多益善(다다익선)
人	사람 인	丿 人	人間(인간), 人口(인구), 人生(인생)
引	당길, 이끌 인	ㄱ ㄱ 弓 引	引力(인력), 引上(인상), 引用(인용)
仁	어질 인	丿 亻 仁 仁	仁慈(인자), 仁愛(인애), 仁義(인의)

한자	훈음	필순	용례
忍	참을, 잔인할 인	刁 刃 刃 刃 忍 忍 忍	忍耐(인내), 忍苦(인고), 忍從(인종)
寅	세째지지 인	丶 丷 宀 宀 宀 宀 宙 宙 宙 寅	寅時(인시) : 오전 세 시부터 다섯 시 사이.
因	인할 인	丨 冂 冃 冈 因 因	因習(인습), 因緣(인연), 原因(원인)
認	인정할 인	丶 言 言 訁 訒 訒 訒 認 認 認	認識(인식), 認定(인정), 承認(승인)
印	찍을, 도장 인	丿 亻 F E 臼 印	印章(인장), 印象的(인상적)
一	한(하나) 일	一	一面(일면), 一生(일생), 單一(단일)
日	해, 날 일	丨 冂 日 日	日氣(일기), 日月(일월), 連日(연일)
壬	아홉째천간 임	丿 二 千 壬	壬方(임방), 壬午(임오), 壬辰(임진)

한자	훈음	필순	용례
入	들 입	丿 入	入國(입국), 入城(입성), 出入(출입)
子	아들 자	了 子	子女(자녀), 子息(자식), 君子(군자)
字	글자 자	宀 字	字解(자해), 字典(자전), 字句(자구)
自	스스로 자	自	自己(자기), 自動(자동), 自他(자타)
者	사람 자	十 土 耂 者	使者(사자), 有力者(유력자)
姉	누이 자	女 姉	姉妹(자매), 姉夫(자부), 姉兄(자형)
慈	사랑 자	兹 慈	慈悲(자비), 慈愛(자애), 仁慈(인자)
作	지을 작	亻 作	作家(작가), 作成(작성), 始作(시작)

한자	뜻·음	필순	용례
昨	어제 작	丨 ㄇ 日 日 日' 日ᅩ 昨 昨 昨	昨今(작금), 再昨年(재작년)
長	길 장	丨 ㄏ F F E 長 長 長	長身(장신), 一長一短(일장일단)
章	글, 법 장	丶 亠 亠 立 产 产 音 音 音 章	文章(문장), 樂章(악장), 章句(장구)
場	마당 장	一 十 土 圸 坦 坦 場 場 場 場	場面(장면), 場所(장소), 市場(시장)
將	장수, 장차 장	丨 丬 丬 爿 爿 爿 將 將 將 將	將校(장교), 將軍(장군), 將來(장래)
壯	장할 장	丨 丬 丬 爿 爿 壯 壯	壯年(장년), 壯丁(장정), 壯快(장쾌)
哉	어조사 재	一 十 土 吉 吉 吉 哉 哉	善哉(선재), 快哉(쾌재), 痛哉(통재)
栽	심을 재	一 十 土 圭 丰 丰 耒 栽 栽 栽	栽培(재배), 盆栽(분재), 栽植(재식)

한자	훈음	필순	용례
才	재주 재	一 十 才	才能(재능), 秀才(수재), 英才(영재)
材	재목 재	一 十 才 木 木一 村 材	材料(재료), 材木(재목), 教材(교재)
財	재물 재	丨 冂 冃 月 目 貝 貝 貝一 財 財	財物(재물), 文化財(문화재)
在	있을 재	一 ナ 才 𠂇 存 在	存在(존재), 在學生(재학생)
再	두번 재	一 丅 冂 币 再 再	再生(재생), 再請(재청), 再考(재고)
爭	다툴 쟁	丿 𠂊 𠂎 爫 爫 争 争 爭	論爭(논쟁), 競爭(경쟁), 戰爭(전쟁)
貯	쌓을 저	丨 冂 目 貝 貝 貝 貝 貯 貯 貯	貯金(저금), 貯蓄(저축), 貯水(저수)
低	낮을 저	丿 亻 亻 仁 仾 低 低	低空(저공), 低音(저음), 高低(고저)

字	訓·音	筆順	用例
著	지을, 나타날 저	丶 亠 艹 艹 芏 芏 芏 著 著 著	著書(저서), 著名(저명), 著作(저작)
敵	원수 적	丶 亠 亠 产 产 商 商 啇 敵 敵	敵手(적수), 敵對視(적대시)
的	과녁, 목표 적	丿 亻 白 白 白 的 的 的	的中(적중), 公的(공적), 目的(목적)
赤	붉을 적	一 十 土 产 赤 赤 赤	赤字(적자), 赤十字(적십자)
適	맞을 적	丶 亠 亠 产 产 商 商 啇 滴 適	適合(적합), 適材適所(적재적소)
前	앞 전	丶 丷 䒑 广 前 前 前 前 前	前進(전진), 前後左右(전후좌우)
田	밭 전	丨 冂 ⺆ 用 田	田畓(전답), 田園(전원), 田野(전야)
全	온전할, 온통 전	人 亼 仝 仝 全	全集(전집), 全體(전체), 安全(안전)

漢字	훈음	필순	용례
典	법 전	丨 冂 巾 冊 冊 曲 典 典	典當(전당), 經典(경전), 辭典(사전)
展	펼, 벌여놓을 전	ㄱ コ 尸 尸 屈 屈 屈 屈 展 展	展開(전개), 展示(전시), 展望(전망)
戰	싸움 전	口 吅 吅 罒 單 單 單 戰 戰 戰	戰時(전시), 戰場(전장), 決戰(결전)
電	번개, 전기 전	一 冖 冖 而 雨 雨 雨 雷 雷 電	電氣(전기), 電線(전선), 電光(전광)
錢	돈 전	人 亼 수 余 金 金 金 鈛 鈛 錢	錢穀(전곡), 口錢(구전), 金錢(금전)
傳	전할 전	亻 亻 佢 佢 俥 俥 俥 傅 傳 傳	傳記(전기), 傳統(전통), 傳令(전령)
節	마디, 때 절	ノ 𠂉 ⺮ 竹 竹 竹 笞 筲 節 節	節約(절약), 節制(절제), 季節(계절)
絶	끊을, 뛰어날 절	乙 幺 幺 糸 糸 糸 紒 絁 絁 絶	絶景(절경), 絶望(절망), 絶交(절교)

한자	필순	용례
店 가게 점	丶 亠 广 广 庐 庐 店 店	店房(점방), 賣店(매점), 商店(상점)
接 이을 접	扌 扌 扌 扌 扩 拧 接 接 接	接戰(접전), 接續(접속), 直接(직접)
丁 장정 정	一 丁	丁年(정년), 丁酉(정유), 壯丁(장정)
頂 꼭대기 정	一 丁 丁 丁 丁 丁 頂 頂 頂 頂	頂門(정문), 頂上(정상), 絕頂(절정)
井 우물 정	一 二 井 井	油井(유정), 井華水(정화수)
貞 곧을 정	丨 卜 卜 卢 卢 自 貞 貞 貞	貞烈(정렬), 貞淑(정숙), 端貞(단정)
淨 맑을 정	丶 氵 氵 氵 氵 氵 氵 淨 淨 淨	淨水(정수), 淨化(정화), 淨潔(정결)
停 머무를 정	亻 亻 亻 亻 亻 伫 伫 停 停 停	停年(정년), 停戰(정전), 停止(정지)

漢字	훈·음	용례
正	바를 정	正道(정도), 正當(정당), 是正(시정)
政	정사 정	政見(정견), 政治(정치), 國政(국정)
定	정할 정	定立(정립), 定着(정착), 決定(결정)
精	자세할 정	精讀(정독), 精密(정밀), 精氣(정기)
情	뜻 정	情熱(정열), 情調(정조), 無情(무정)
靜	고요할 정	靜淑(정숙), 靜寂(정적), 安靜(안정)
庭	뜰 정	庭園(정원), 家庭(가정), 親庭(친정)
製	지을 제	製作(제작), 製品(제품), 特製(특제)

한자	훈음	필순	용례
弟	아우, 제자 제	丶 丷 当 当 弔 弟 弟	弟子(제자), 師弟間(사제간)
第	차례 제	丿 𠂉 𥫗 𥫗 竹 竺 笃 笃 第 第	第一(제일), 及第(급제), 次第(차제)
祭	제사 제	丿 ク タ タ 夕 㚒 𥘅 祭 祭 祭	祭典(제전), 前夜祭(전야제)
帝	임금 제	丶 亠 亠 亣 产 产 产 帝 帝	帝國(제국), 帝王(제왕), 皇帝(황제)
題	제목 제	日 旦 早 早 是 是 題 題 題 題	題目(제목), 題材(제재), 問題(문제)
除	제할 제	乛 阝 阝 阝 阾 阾 除 除 除 除	除去(제거), 除名(제명), 除夜(제야)
諸	모두 제	言 言 計 計 誁 誁 諸 諸 諸 諸	諸君(제군), 諸子百家(제자백가)
兆	조 조	丿 丿 丬 兆 兆 兆	吉兆(길조), 徵兆(징조), 億兆(억조)

한자	훈음	필순	용례
早	일찍 조	丨 口 日 日 旦 早	早起(조기), 早朝(조조), 早春(조춘)
造	지을 조	ノ ⺊ 㐄 牛 牛 告 告 `告 浩 造	造作(조작), 製造(제조), 造形(조형)
鳥	새 조	′ 丨 冂 户 白 自 鳥 鳥 鳥 鳥	黃鳥(황조), 不死鳥(불사조)
調	고를 조	言 言 訁 訂 訂 訂 訂 調 調 調	調節(조절), 調和(조화), 順調(순조)
朝	아침, 조정 조	一 十 古 古 古 直 卓 朝 朝 朝	朝夕(조석), 朝令暮改(조령모개)
助	도울 조	丨 冂 月 月 且 助 助	助成(조성), 內助(내조), 自助(자조)
祖	할아버지 조	一 二 亍 亓 示 礻 祁 祁 祖 祖	祖國(조국), 祖上(조상), 始祖(시조)
足	발 족	丨 口 口 꾸 早 足 足	不足(부족), 手足(수족), 充足(충족)

한자	훈음	필순	용례
族	겨레 족	亠 方 方 方 方 方 方 方 族 族	貴族(귀족), 家族(가족), 民族(민족)
存	있을 존	一 ナ 才 存 存 存	存續(존속), 存在(존재), 實存(실존)
尊	높을 존	八 丷 亠 亣 酋 酋 酋 酋 尊 尊	尊敬(존경), 尊貴(존귀), 尊重(존중)
卒	마칠, 군사 졸	丶 亠 广 卒 卒 卒 卒 卒	卒兵(졸병), 卒業(졸업), 大卒(대졸)
宗	마루, 가묘 종	丶 丶 宀 宀 宀 宇 宗 宗	宗家(종가), 宗敎(종교), 大宗(대종)
種	씨 종	二 千 禾 禾 禾 稍 稍 種 種 種	種族(종족), 種別(종별), 種子(종자)
鐘	쇠북 종	人 亼 金 金 金 鈩 鈩 鐘 鐘 鐘	鐘閣(종각), 警鐘(경종), 大鐘(대종)
終	마칠 종	幺 幺 幺 糸 糸 糸 糸 終 終 終	終結(종결), 終末(종말), 終身(종신)

한자	훈음	필순	용례
從	좇을 종	丿 彡 彳 彳 彳 彴 從	從事(종사), 服從(복종), 順從(순종)
左	왼쪽 좌	一 ナ 𠂇 左	左右(좌우), 左議政(좌의정)
坐	앉을 좌	丿 人 从 坐	坐席(좌석), 坐視(좌시), 坐定(좌정)
罪	죄, 허물 죄	丨 冂 罒 罪	罪惡(죄악), 罪過(죄과), 謝罪(사죄)
主	임금, 주인 주	丶 亠 十 丰 主	主權(주권), 主人(주인), 君主(군주)
注	물댈 주	丶 冫 氵 注	注力(주력), 注射(주사), 注入(주입)
住	머무를 주	丿 亻 住	住民(주민), 住所(주소), 居住(거주)
宙	집, 하늘 주	丶 宀 宙	宇宙(우주)

한자	훈음	필순	용례
朱	붉을 주	丿 𠂉 𠂉 牛 朱 朱	朱土(주토), 朱紅(주홍), 印朱(인주)
走	달아날 주	一 十 土 丰 丰 走 走	競走(경주), 走馬看山(주마간산)
酒	술 주	丶 冫 氵 氵 汀 沔 洒 洒 酒 酒	酒店(주점), 酒興(주흥), 藥酒(약주)
晝 (昼)	낮 주	フ ⺕ ⺕ 聿 聿 聿 聿 書 書 晝	晝間(주간), 晝夜(주야), 白晝(백주)
竹	대 죽	丿 𠂉 𠂉 𥫗 𥫗 竹	竹林(죽림), 竹馬故友(죽마고우)
中	가운데 중	丨 冂 口 中	中間(중간), 中立(중립), 的中(적중)
重	무거울 중	一 二 千 千 肀 盲 亩 重 重	重臣(중신), 重責(중책), 輕重(경중)
衆	무리 중	丶 丿 ⺌ 血 血 衆 衆 衆 衆 衆	衆論(중론), 衆意(중의), 民衆(민중)

한자	훈음	획순	용례
卽	곧 즉	′ ′ 亻 白 白 白 自 皀 皀 卽	卽席(즉석), 卽時(즉시), 卽位(즉위)
曾	일찌기, 거듭 증	ノ 八 ⺍ 亼 亼 亼 亼 亼 曾 曾	曾孫(증손), 未曾有(미증유)
證	증거 증	言 言 言 訁 訁 訁 諮 諮 證 證	證書(증서), 證明(증명), 立證(입증)
增	더할 증	土 圹 圹 圹 圹 圹 增 增 增 增	增加(증가), 增員(증원), 急增(급증)
支	지탱할 지	一 十 㞢 支	支店(지점), 支柱(지주), 支出(지출)
止	그칠 지	ㅣ ト 卜 止	止揚(지양), 禁止(금지), 停止(정지)
枝	가지 지	一 十 才 木 木 朩 枋 枝	枝流(지류), 枝葉(지엽), 弱枝(약지)
只	다만 지	ㅣ 口 口 只 只	只今(지금), 但只(단지)

한자	훈음	필순	용례
知	알, 알릴 지	丿 𠂉 ⺧ 矢 矢 矢 知 知	知能(지능), 知識(지식), 告知(고지)
地	땅, 지위 지	一 十 土 圵 地 地	地面(지면), 地位(지위), 土地(토지)
指	가리킬 지	一 丁 扌 扌 扌 扌 指 指 指	指名(지명), 指示(지시), 食指(식지)
志	뜻 지	一 十 士 志 志 志 志	志望(지망), 志向(지향), 雄志(웅지)
至	이를 지	一 𠫔 𠫔 𠫔 至 至	至極(지극), 至大(지대), 至誠(지성)
紙	종이 지	幺 幺 幺 糸 糸 糸 紅 紙 紙 紙	紙面(지면), 用紙(용지), 表紙(표지)
持	가질 지	一 丁 扌 扌 扌 扌 持 持 持	持論(지론), 持續(지속), 所持(소지)
之	갈, (~의) 지	丶 亠 之 之	左之右之(좌지우지)

한자	훈음	필순	용례
直	곧을 직	一 十 𠂇 冇 有 有 首 直	直角(직각), 直線(직선), 直接(직접)
眞	참 진	[illegible] 匕 [illegible] 旨 旨 旨 旨 真 眞 眞	眞理(진리), 眞實(진실), 純眞(순진)
進	나아갈 진	亻 亻 亻 仁 隹 隹 隹 進 進	進步(진보), 進行(진행), 前進(전진)
盡	다할 진	ㄱ ⺕ ⺕ 聿 聿 肀 肀 肀 盡 盡	盡力(진력), 極盡(극진), 曲盡(곡진)
辰	다섯째천간 진 별 신	一 厂 厂 戶 乕 乕 辰	辰時(진시), 甲辰(갑진), 生辰(생신)
質	바탕 질	丿 𠂆 斤 斤 斦 斦 斦 質 質 質	質量(질량), 物質(물질), 性質(성질)
集	모을 집	丿 亻 亻 亻 隹 隹 隹 集 集 集	集成(집성), 集合(집합), 詩集(시집)
執	잡을 집	一 十 土 [illegible] [illegible] 幸 幸 [illegible] 執 執	執刀(집도), 執筆(집필), 執行(집행)

한자	쓰기	필순	용례
且 또 차	且	丨 冂 月 目 且	重且大(중차대)
此 이 차	此	丨 ⺊ 止 止 此 此	此等(차등), 此時(차시), 彼此(피차)
借 빌 차	借	丿 亻 亻 仁 仕 估 件 借 借 借	借用(차용), 借入(차입), 假借(가차)
次 다음, 순서 차	次	丶 冫 冫 次 次 次	次男(차남), 席次(석차), 年次(연차)
着 붙일 착	着	丶 丷 丷 䒑 羊 羊 羊 着 着 着	着陸(착륙), 着服(착복), 先着(선착)
察 살필 찰	察	丶 宀 宀 宀 宀 宀 察 察 察 察	考察(고찰), 觀察(관찰), 省察(성찰)
參 참여할 참 / 석 삼	參	厶 厶 厶 厶 厶 厶 參 參 參 參	參加(참가), 參考(참고), 參拾(삼십)
昌 창성할 창	昌	丨 冂 日 日 日 昌 昌 昌	昌盛(창성), 昌平(창평), 繁昌(번창)

한자	훈음	용례
唱	부를 창	唱歌(창가), 先唱(선창), 合唱(합창)
窓	창 창	窓口(창구), 窓門(창문), 同窓(동창)
菜	나물 채	菜園(채원), 野菜(야채), 山菜(산채)
採	캘 채	採用(채용), 採取(채취), 採算(채산)
責	꾸짖을 책	責望(책망), 問責(문책), 重責(중책)
冊	책 책	冊床(책상), 冊子(책자), 別冊(별책)
處 (処)	처할, 곳 처	處世(처세), 處地(처지), 處身(처신)
妻	아내 처	妻子(처자), 夫妻(부처), 賢妻(현처)

한자	뜻·음	필순	낱말
尺	자 척	ㄱ ㅋ 尸 尺	尺度(척도), 尺量(척량), 曲尺(곡척)
淺	얕을 천	淺	淺學(천학), 淺海(천해), 深淺(심천)
千	일천 천	ノ 二 千	千古(천고), 千金(천금), 千秋(천추)
天	하늘 천	一 二 チ 天	天國(천국), 天子(천자), 天地(천지)
川	내 천	ノ 川 川	大川(대천), 山川(산천), 河川(하천)
泉	샘 천	泉	泉水(천수), 溫泉(온천), 黃泉(황천)
鐵 (鉄)	쇠 철	鐵	鐵材(철재), 鐵面皮(철면피)
青	푸를 청	一 十 キ 主 青 青 青 青	青松(청송), 青天(청천), 丹青(단청)

한자	뜻·음	낱말	약자
聽	들을 청	聽取(청취), 聽衆(청중), 視聽(시청)	聴
淸	맑을, 깨끗할 청	淸潔(청결), 淸涼(청량), 淸貧(청빈)	
請	청할 청	請求(청구), 請願(청원), 申請(신청)	
晴	갤 청	晴明(청명), 晴天(청천), 快晴(쾌청)	
體	몸 체	體力(체력), 體面(체면), 物體(물체)	体
初	처음 초	初期(초기), 初面(초면), 太初(태초)	
草	풀 초	草家(초가), 草木(초목), 草案(초안)	
招	부를 초	招待(초대), 招請(초청), 自招(자초)	

글자	쓰기	필순	용례
寸 마디 촌	寸	一 寸 寸	寸陰(촌음), 寸鐵殺人(촌철살인)
村 마을 촌	村	一 十 才 木 村 村 村	村落(촌락), 村婦(촌부), 農村(농촌)
最 가장 최	最	丨 冂 日 旦 早 早 昰 最 最 最	最高(최고), 最近(최근), 最大(최대)
秋 가을 추	秋	丿 二 千 禾 禾 禾 秋 秋 秋	秋分(추분), 秋夕(추석), 晩秋(만추)
推 밀 추	推	一 扌 扌 扌 扌 扌 推 推 推 推	推進(추진), 推理(추리), 類推(유추)
追 쫓을 추	追	丿 亻 户 户 自 自 自 追 追	追加(추가), 追放(추방), 追憶(추억)
祝 빌 축	祝	一 二 亍 示 示 礻 祀 祀 祝 祝	祝福(축복), 祝祭(축제), 慶祝(경축)
丑 소, 둘째지지 축	丑	乛 刀 刃 丑	丑年(축년), 丑方(축방), 丑時(축시)

春 봄 춘	春						
	一 = 三 声 夫 夫 春 春 春				青春(청춘), 思春期(사춘기)		
出 날, 나갈 출	出						
	丨 屮 屮 出 出				出生(출생), 出入(출입), 産出(산출)		
充 가득할 충	充						
	亠 𠫓 𠫓 充 充				充當(충당), 充滿(충만), 充血(충혈)		
忠 충성 충	忠						
	丨 口 口 中 中 忠 忠 忠				忠臣(충신), 忠心(충심), 忠義(충의)		
蟲 벌레 충	蟲						
	丨 口 口 中 虫 虫 蚩 蚩 蟲 蟲				蟲類(충류), 蟲害(충해), 益蟲(익충)		
取 취할 취	取						
	一 Γ F F E 耳 耵 取				取得(취득), 取材(취재), 採取(채취)		
就 이룰 취	就						
	丶 亠 古 亨 亨 京 京 就 就 就				就業(취업), 就職(취직), 成就(성취)		
吹 불 취	吹						
	丨 口 口 口' 口" 吹 吹				吹入(취입), 吹打(취타), 鼓吹(고취)		

한자	훈음	용례
治	다스릴 치	治水(치수), 治安(치안), 政治(정치)
致	이를 치	致死(치사), 致誠(치성), 極致(극치)
齒 (歯)	이 치	齒科(치과), 齒根(치근), 齒列(치열)
則	법칙 칙	原則(원칙), 社則(사칙), 法則(법칙)
親	친할, 어버이 친	親近(친근), 親密(친밀), 兩親(양친)
七	일곱 칠	七夕(칠석), 七面鳥(칠면조)
針	바늘 침	短針(단침), 針葉樹(침엽수)
快	쾌할, 빠를 쾌	快樂(쾌락), 快速(쾌속), 輕快(경쾌)

漢字	쓰기	필순	용례
打 칠 타	打	一 丁 扌 扌 打	打開(타개), 打字(타자), 強打(강타)
他 다를, 남 타	他	丿 亻 仂 仲 他	他人(타인), 他鄕(타향), 自他(자타)
脫 벗을 탈	脫	丿 刀 月 月 月 肸 肸 胪 胪 脫	脫穀(탈곡), 脫出(탈출), 脫皮(탈피)
探 찾을 탐	探	一 丁 扌 扌 扩 扩 挥 挥 探 探	探求(탐구), 探訪(탐방), 探問(탐문)
太 클, 처음 태	太	一 ナ 大 太	太古(태고), 太不足(태부족)
泰 게으를 태	泰	一 二 三 夫 夫 秦 泰 泰 泰 泰	泰斗(태두), 泰山(태산), 泰平(태평)
宅 집 택	宅	丶 丶 宀 宀 宅 宅	宅地(택지), 家宅(가택), 住宅(주택)
土 흙 토	土	一 十 土	土地(토지), 土着(토착), 本土(본토)

한자	뜻·음	필순	용례
通	통할, 알릴 통	乛 乛 丆 丙 丙 甬 甬 `甬 涌 通	通信(통신), 通知(통지), 通行(통행)
統	거느릴, 합칠 통	ㄥ 幺 幺 糸 糸 糸 紅 紅 紡 統	統一(통일), 統治(통치), 傳統(전통)
退	물러날 퇴	ㄱ ㅋ ㅋ 艮 艮 艮 `艮 退 退	退治(퇴치), 進退兩難(진퇴양난)
投	던질 투	一 扌 扌 扌 扚 投 投	投石(투석), 投手(투수), 投身(투신)
特	특별할 특	丿 牛 牛 牛 牜 牿 特 特 特	特技(특기), 特別(특별), 獨特(독특)
破	깨뜨릴 파	一 丆 石 石 石 石 矿 矿 砂 破	破産(파산), 難破船(난파선)
波	물결 파	丶 冫 氵 氵 沪 沪 波 波	波浪(파랑), 世波(세파), 電波(전파)
判	판단할 판	丶 丷 ㅛ 䒑 半 判 判	談判(담판), 判事(판사), 判定(판정)

글자	획순	용례
八 여덟 팔	丿 八	八角(팔각), 八等身(팔등신)
敗 패할 패	丨 冂 月 目 貝 貝 貝 貝 敗 敗	敗北(패배), 敗因(패인), 勝敗(승패)
貝 조개 패	丨 冂 冃 月 目 貝 貝	貝類(패류), 貝物(패물), 貝玉(패옥)
片 조각 편	丿 丿 片 片	片道(편도), 一片丹心(일편단심)
便 편할 편 / 오줌 변	丿 亻 亻 亻 佰 佰 佰 便 便	便利(편리), 便紙(편지), 便所(변소)
篇 책 편	丿 ⺈ ⺮ 竹 竺 笘 筥 篇 篇 篇	玉篇(옥편), 短篇(단편), 前篇(전편)
平 고를, 편안할 평	一 ㄱ 丆 平 平	平均(평균), 平安(평안), 平地(평지)
閉 닫을, 마칠 폐	丨 ㄱ 𠃍 户 門 門 門 門 閉 閉	閉門(폐문), 閉會(폐회), 開閉(개폐)

抱 안을 포	抱					
	一 † 扌 扌 扚 扚 拘 抱					抱負(포부), 抱圍(포위), 懷抱(회포)
布 베풀, 베 포	布					
	ノ ナ 𠂇 右 布					布告(포고), 布衣(포의), 公布(공포)
暴 드러낼 폭	暴					
	曰 旦 早 昇 昗 暴 暴 暴 暴 暴					暴露(폭로), 暴利(폭리), 暴雨(폭우)
表 나타낼, 겉 표	表					
	一 十 丰 丰 声 夫 表 表					表面(표면), 表示(표시), 發表(발표)
品 품격, 가지 품	品					品
	口 口 口 口 吕 吕 品 品					品目(품목), 品名(품명), 品種(품종)
風 바람 풍	風					
	丿 几 凡 凡 凧 凧 風 風 風					風雨(풍우), 風雲(풍운), 強風(강풍)
豐 풍년 풍	豐					豊
	丨 丰 丰 丰 丰 豐 豐 豐 豐 豐					豐年(풍년), 豐滿(풍만), 豐富(풍부)
皮 가죽 피	皮					
	丿 厂 广 皮 皮					皮骨(피골), 皮膚(피부), 虎皮(호피)

한자	훈음	필순	낱말
彼	저 피	丿 ⺈ 彳 彳 犷 犷 彷 彼	此等(차등), 此時(차시), 彼此(피차)
匹	짝 필	一 丆 兀 匹	彼我(피아), 彼此(피차)
必	반드시 필	丶 ソ 乂 必 必	必須(필수), 必勝(필승), 必要(필요)
筆	쓸, 붓 필	丿 ⺊ ⺮ 竹 竹 笁 笔 笙 筆 筆	筆者(필자), 筆致(필치), 毛筆(모필)
下	아래 하	一 丅 下	下落(하락), 下山(하산), 天下(천하)
夏	여름 하	一 丅 丆 丙 丙 百 百 頁 夏 夏	夏節(하절), 夏至(하지), 盛夏(성하)
河	내, 강 하	丶 冫 氵 汀 汀 河 河 河	河川(하천), 山河(산하), 氷河(빙하)
賀	하례할 하	フ カ 力 加 加 加 賀 賀 賀 賀	賀客(하객), 賀禮(하례), 祝賀(축하)

何 어찌 하	何	丿 亻 亻 仁 佰 佰 何	何必(하필), 何如間(하여간)
學 배울 학	學 / 学	丶 亻 𦥑 ... 學 學	學問(학문), 學生(학생), 獨學(독학)
閑 한가할 한	閑	丨 𠃌 門 ... 閑 閑	閑散(한산), 農閑期(농한기)
寒 찰 한	寒	宀 ... 寒 寒	寒冷(한랭), 嚴冬雪寒(엄동설한)
恨 원한 한	恨	丶 忄 ... 恨 恨	怨恨(원한), 悔恨(회한), 恨歎(한탄)
限 한정할 한	限	𠃌 阝 ... 限 限	限界(한계), 無限(무한), 制限(제한)
韓 나라, 성 한	韓	十 古 卓 ... 韓 韓	韓國(한국), 馬韓(마한), 韓服(한복)
漢 한나라 한	漢	氵 ... 漢 漢	漢文(한문), 漢藥(한약), 銀漢(은한)

한자	훈음	필순	용례
合	합할 합	ノ 𠆢 亼 亼 合 合	合格(합격), 合計(합계), 集合(집합)
恒	항상 항	' 忄 忄 忊 忊 恒 恒 恒 恒	恒久(항구), 恒常(항상), 恒時(항시)
害	해할 해	' 丶 宀 宀 宀 宔 宔 害 害 害	害蟲(해충), 風水害(풍수해)
海	바다 해	丶 冫 氵 氵 汇 汇 海 海 海 海	海流(해류), 海洋(해양), 大海(대해)
亥	열두째지지 해	丶 亠 亠 亥 亥 亥	亥方(해방), 乙亥(을해), 丁亥(정해)
解	풀, 풀릴 해	ノ ク 角 角 角 角 角 角 解 解	解決(해결), 解明(해명), 分解(분해)
行	다닐 행	ノ 彳 彳 行 行 行	行方(행방), 行進(행진), 行動(행동)
幸	다행 행	一 十 土 圭 圭 幸 幸 幸	幸福(행복), 幸運(행운), 多幸(다행)

한자	훈음	필순	용례
向	향할 향	丶 丿 门 向 向 向	向上(향상), 向學熱(향학열)
香	향기 향	一 二 千 千 禾 禾 香 香 香	香氣(향기), 香草(향초), 香料(향료)
鄕	고향 향	乡 乡 乡 乡 乡 乡 乡 乡 鄕 鄕	鄕里(향리), 故鄕(고향), 他鄕(타향)
虛	빌 허	丨 卜 卢 庀 虍 虍 虛 虛 虛 虛	虛空(허공), 虛無(허무), 虛實(허실)
許	허락할 허	亠 亠 亠 言 言 言 言 訁 訐 許	許可(허가), 特許(특허), 許容(허용)
革	고칠 혁	一 十 廾 廾 廾 苎 苎 莒 革	改革(개혁), 革命(혁명)
現	나타날, 지금 현	一 丅 干 王 玑 玑 玥 玥 珇 現	現金(현금), 現代(현대), 現實(현실)
賢	어질 현	丨 ┌ 匚 臣 臣 臣 臤 臤 賢 賢	賢明(현명), 賢人(현인), 先賢(선현)

血	血					
피 혈	ノ 亻 𠂇 𠂉 皿 血					血氣(혈기), 血肉(혈육), 心血(심혈)
協	協					
화합할 협	一 十 忄 忄 忄 協 協 協					協力(협력), 協定(협정), 協調(협조)
兄	兄					
형 형	丨 冂 口 尸 兄					兄夫(형부), 難兄難弟(난형난제)
刑	刑					
형벌 형	一 二 于 开 刑 刑					刑法(형법), 刑事(형사), 體刑(체형)
形	形					
형상, 꼴 형	一 二 于 开 开 形 形					形成(형성), 形式(형식), 外形(외형)
惠	惠					
은혜 혜	一 冖 亘 亩 亩 亩 叀 惠 惠 惠					惠存(혜존), 恩惠(은혜), 慈惠(자혜)
戶	戶					
지게, 집 호	一 厂 戶 戶					戶口(호구), 戶別(호별), 門戶(문호)
呼	呼					
부를, 숨내쉴 호	丨 口 口 口 口 口 口 呼					呼氣(호기), 呼應(호응), 呼出(호출)

한자	뜻·음	필순	용례
好	좋을 호	好	好感(호감), 好敵手(호적수)
湖	호수 호	湖	湖南(호남), 湖水(호수), 江湖(강호)
號	부르짖을 호	號	號令(호령), 號外(호외), 別號(별호)
虎	범 호	虎	虎皮(호피), 虎口(호구), 龍虎(용호)
乎	어조사 호	乎	乎哉(호재), 斷乎(단호)
或	혹 혹	或	或是(혹시), 或者(혹자), 間或(간혹)
婚	혼인 혼	婚	婚期(혼기), 婚談(혼담), 新婚(신혼)
混	뒤섞일 혼	混	混同(혼동), 混食(혼식), 混合(혼합)

한자	훈음	필순	용례
紅	붉을 홍	纟 纟 幺 糸 糸 糸 紅 紅 紅	紅顔(홍안), 百日紅(백일홍)
火	불 화	丶 丷 少 火	火急(화급), 火田民(화전민)
化	화할 화	丿 亻 亻 化	退化(퇴화), 化學(화학), 文化(문화)
花	꽃 화	丶 丷 丷 艹 艹 芢 芢 花	花信(화신), 花草(화초), 百花(백화)
貨	재물 화	丿 亻 亻 化 化 貨 貨 貨 貨 貨	貨物(화물), 財貨(재화), 金貨(금화)
和	화목할 화	一 二 千 禾 禾 和 和 和	和樂(화락), 和合(화합), 溫和(온화)
話	말씀 화	亠 言 言 訁 訂 話 話	童話(동화), 話題(화제), 電話(전화)
畫 (画)	글씨, 그림 화	乛 ⺕ ⺕ 聿 聿 聿 書 書 晝 畫	畫家(화가), 畫筆(화필), 畫工(화공)

한자	뜻과 음	쓰기	약자	용례
華	빛날 화	華		華麗(화려), 華婚(화혼), 榮華(영화)
歡	기쁠 환	歡	歓	歡待(환대), 歡心(환심), 歡迎(환영)
患	근심, 병 환	患		患難(환난), 患者(환자), 後患(후환)
活	살 활	活		活動(활동), 活力(활력), 復活(부활)
黃	누를 황	黃	黄	黃金(황금), 黃色(황색), 黃土(황토)
皇	임금 황	皇		皇室(황실), 皇帝(황제), 敎皇(교황)
回	돌 회	回	囬	回甲(회갑), 回數(회수), 回信(회신)
會	모일, 모을 회	會	会	會談(회담), 會合(회합), 開會(개회)

孝	孝						
효도 효	一 十 土 耂 耂 考 孝					孝道(효도), 孝子(효자), 忠孝(충효)	
效	效						効
본받을 효	亠 ナ 六 交 交 交' 交' 交 效					效果(효과), 效力(효력), 特效(특효)	
後	後						
뒤 후	ノ 彳 彳 彳 彳 彳 徉 後 後					後園(후원), 後進(후진), 前後(전후)	
厚	厚						
두터울 후	一 厂 厂 厂 厂 厂 厚 厚 厚					厚待(후대), 厚德(후덕), 重厚(중후)	
訓	訓						
가르칠 훈	丶 亠 亠 亠 言 言 言 訁 訓 訓					訓育(훈육), 訓練(훈련), 敎訓(교훈)	
休	休						
쉴 휴	ノ 亻 亻 什 付 休					休戰(휴전), 休日(휴일), 休養(휴양)	
凶	凶						
흉할, 흉년들 흉	ノ メ 凶 凶					凶家(흉가), 凶計(흉계), 凶年(흉년)	
胸	胸						
가슴 흉	ノ 刀 月 月 月' 肑 肑 肑 胸 胸					胸像(흉상), 胸圍(흉위), 胸中(흉중)	

한자	쓰기	필순	낱말
黑 검을 흑	黑	丨 冂 冂 冈 四 甲 里 里 黑 黑	黑白(흑백), 黑人(흑인), 暗黑(암흑)
興 일, 일으킬 흥	興	興 (필순)	興亡(흥망), 興味(흥미), 中興(중흥)
希 바랄 희	希	ノ メ 产 产 荠 希 希	希求(희구), 希望(희망), 希願(희원)
喜 기쁠 희	喜	一 十 士 吉 吉 吉 壴 喜 喜 喜	喜劇(희극), 喜悲(희비), 歡喜(환희)

모양이 비슷한 한자

寸	才	己	已	己	巳	巳	已	土	士	壬	士
마디 촌	재주 재	몸 기	이미 이	몸 기	지지 사	지지 사	이미 이	흙 토	선비 사	지지 임	선비 사
太	犬	反	尺	日	曰	干	于	今	令	王	玉
클 태	개 견	돌이킬 반	자 척	날 일	가로 왈	방패 간	어조사 우	이제 금	명령 령	임금 왕	구슬 옥
吉	告	乎	平	名	各	甲	申	住	往	卯	卵
길할 길	고할 고	어조사 호	평평할 평	이름 명	각각 각	갑옷 갑	펼 신	살 주	갈 왕	지지 묘	알 란
巨	臣	亦	赤	列	烈	列	例	形	刑	切	功
클 거	신하 신	또 역	붉을 적	줄 렬	심할 렬	줄 렬	보기 례	모양 형	형벌 형	끊을 절	공 공
看	着	作	昨	戊	戌	戌	成	借	惜	式	武
볼 간	붙을 착	지을 작	어제 작	천간 무	지지 술	지지 술	이룰 성	빌 차	아낄 석	법 식	군사 무
恨	限	根	恨	順	須	開	閑	他	地	苦	若
한 한	한정 한	뿌리 근	한 한	순할 순	모름지기 수	열 개	한가할 한	다를 타	땅 지	괴로울 고	같을 약
俗	浴	重	童	鳥	烏	鳥	島	容	客	期	朝
속될 속	목욕할 욕	무거울 중	아이 동	새 조	까마귀 오	새 조	섬 도	얼굴 용	손 객	기간 기	아침 조
衆	象	季	秀	徒	從	推	惟	姓	性	到	致
무리 중	형상 상	철 계	빼어날 수	무리 도	좇을 종	밀 추	생각 유	성 성	성품 성	이를 도	이룰 치
推	唯	億	憶	基	甚	破	波	倫	論	持	特
밀 추	오직 유	억 억	생각할 억	터 기	심할 심	깨뜨릴 파	물결 파	인륜 륜	말할 론	가질 지	특별할 특
眠	眼	勞	榮	樂	藥	執	熱	者	著	圓	園
잠잘 면	눈 안	수고로울 로	영화 영	풍류 악	약 약	잡을 집	더울 열	놈 자	나타날 저	둥글 원	동산 원

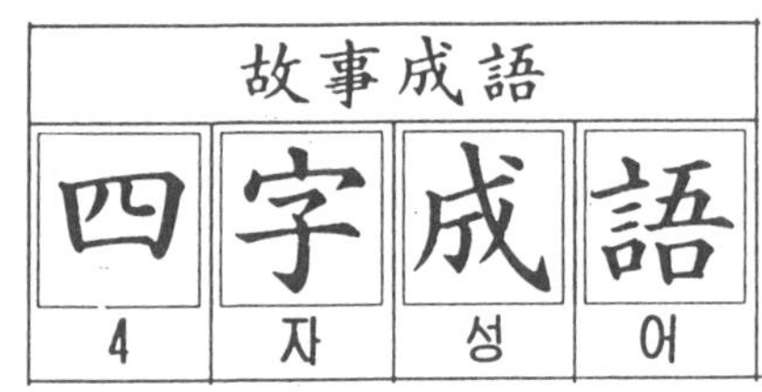

街談巷說 (가담항설)
- 직역 : 거리의 이야기와 거리의 말.
- 속뜻 : 길거리나 항간에 떠도는 소문. 곧, 세상의 풍문.

角者無齒 (각자무치)
- 직역 : 뿔이 있는 자는 이가 없음.
- 속뜻 : 한 사람이 모든 복을 겸하지 못함.

肝膽相照 (간담상조)
- 직역 : 간과 쓸개가 서로 비춤.
- 속뜻 : 서로 생각하는 바가 통함. 서로 마음을 터놓고 사귐.

甘呑苦吐 (감탄고토)
- 직역 : 달면 삼키고 쓰면 뱉음.
- 속뜻 : 제게 유리하면 하고 불리하면 하지 않는 이기적 태도.

去頭截尾 (거두절미)
- 직역 : 머리를 버리고 꼬리를 떼어 버림.
- 속뜻 : 사실의 줄거리만 말하고 부수적인 것은 빼어 버림.

車載斗量 (거재두량)
- 직역 : 차에 싣고 말로 헤아림.
- 속뜻 : 아주 많음. 또는 썩 많아서 귀하지 않음.

見蚊拔劍 (견문발검)
- 직역 : 모기를 보고 칼을 뽑음.
- 속뜻 : 보잘것없는 일에 어울리지 않게 엄청난 큰 대책을 씀.

結者解之 (결자해지)
- 직역 : 맺은 사람이 풀어야 함.
- 속뜻 : 자기가 저지른 일은 자기가 해결을 해야 함.

結草報恩 (결초보은)
- 직역 : 풀을 잡아매어 은혜를 갚음.
- 속뜻 : 죽어서 혼령이 되어도 은혜를 잊지 않고 갚음.

耕當問奴 (경당문노)
- 직역 : 농사 일은 마땅히 사내 종에게 물어야 함.
- 속뜻 : 일은 그 방면의 전문가에게 묻는 것이 옳음.

鷄卵有骨 (계란유골)
- 직역 : 계란에도 뼈가 있음.
- 속뜻 : 늘 일이 잘 안 되는 사람이 모처럼 좋은 기회를 만나도 일이 잘 풀리지 않음.

孤軍奮鬪 고군분투
- 직역 : 외로운 군사가 힘써 싸움.
- 속뜻 : 홀로 남의 도움 없이 일을 그악하게 함.

孤掌難鳴 고장난명
- 직역 : 외손뼉이 울지 못함.
- 속뜻 : 상대자가 응해야지 혼자서는 일이 이루어지지 않음.

骨肉相爭 골육상쟁
- 직역 : 뼈와 살이 서로 싸움.
- 속뜻 : 같은 겨레 또는 혈족끼리 서로 싸움.

空中樓閣 공중누각
- 직역 : 공중에 세운 누각.
- 속뜻 : 사물의 기초가 견고하지 못함의 비유.

矯角殺牛 교각살우
- 직역 : 뿔을 바로잡으려다 소를 죽임.
- 속뜻 : 조그만 일을 고치려다 큰 일을 그르침.

九牛一毛 구우일모
- 직역 : 아홉 마리 소에 한 가닥의 털.
- 속뜻 : 썩 많은 것 가운데의 극히 적은 것.

九折羊腸 구절양장
- 직역 : 아홉 번 꺾인 양의 창자.
- 속뜻 : 양의 창자처럼 꼬불꼬불하고 험한 산길.

群鷄一鶴 군계일학
- 직역 : 많은 닭 가운데 한 마리의 학.
- 속뜻 : 많은 사람 중의 뛰어난 인물.

貴鵠賤鷄 귀곡천계
- 직역 : 따오기를 귀히 여기고 닭을 천하게 여김.
- 속뜻 : 먼 데 것을 귀히 여기고 가까운 데 것을 천하게 여김.

近墨者黑 근묵자흑
- 직역 : 먹을 가까이 하는 자는 검어짐.
- 속뜻 : 나쁜 사람과 가까이 있으면 그 버릇에 젖기 쉬움.

錦上添花 금상첨화
- 직역 : 비단 위에 꽃을 더함.
- 속뜻 : 좋고 아름다운 것에 더 좋고 아름다운 것을 더함.

錦衣夜行 금의야행
- 직역 : 비단 옷을 입고 밤길을 걸음.
- 속뜻 : 아무 보람 없는 행동의 일컬음.

騎虎之勢 기호지세
- 직역 : 범을 타고 달리는 형세.
- 속뜻 : 이미 시작한 일이라 중도에 그만둘 수 없는 형세.

男負女戴 남부여대
직역 : 남자는 지고 여자는 임.
속뜻 : 가난한 사람들이 떠돌아다니며 사는 일.

囊中之錐 낭중지추
직역 : 주머니 속의 송곳.
속뜻 : 재능이 있는 사람은 아무리 감추려 해도 저절로 드러남.

累卵之勢 누란지세
직역 : 알을 쌓아 놓은 듯한 형세.
속뜻 : 매우 위태로운 형세.

多岐亡羊 다기망양
직역 : 여러 갈래의 길에서 양을 잃음.
속뜻 : 학문의 길이 너무 다방면으로 갈려 진리를 얻기 어려움.

丹脣皓齒 단순호치
직역 : 붉은 입술과 흰 이.
속뜻 : 여자의 아름다운 얼굴.

螳螂拒轍 당랑거철
직역 : 버마재비가 수레바퀴에 항거함.
속뜻 : 제 힘에 가당찮은 일을 하려 덤비는 무모한 짓.

東問西答 동문서답
직역 : 동쪽 물음에 서쪽 대답을 함.
속뜻 : 묻는 말에 엉뚱한 대답을 함.

同病相憐 동병상련
직역 : 같은 병을 앓는 사람끼리 서로 가엾게 여김.
속뜻 : 곤란한 처지에 있는 사람이라야 남의 사정을 알아 줌.

同床異夢 동상이몽
직역 : 같은 잠자리에서 다른 꿈을 꿈.
속뜻 : 겉으로는 같이 행동하면서 속으로는 딴 생각을 가짐.

杜門不出 두문불출
직역 : 문을 닫아 걸고 나가지 않음.
속뜻 : 집 안에만 들어앉아 있고 밖에 나다니지 아니함.

燈下不明 등하불명
직역 : 등잔 밑이 어두움.
속뜻 : 가까이 있는 것이 도리어 알기 어려움.

馬耳東風 마이동풍
직역 : 말 귀에 봄바람.
속뜻 : 남의 말을 귀담아 듣지 않고 지나쳐 흘려 버림.

萬頃蒼波 만경창파
직역 : 백만 이랑의 푸른 물결.
속뜻 : 한없이 너르고 푸른 바다.

望洋之歎
망양지탄
직역 : 바다를 바라보고 하는 단식.
속뜻 : 힘이 미치지 못하여 하는 탄식.

面從腹背
면종복배
직역 : 면전에서는 좇으나 뱃속으로는 배반함.
속뜻 : 겉으로는 복종하는 체하면서 속으로는 배반함.

明若觀火
명약관화
직역 : 불을 보는 것과 같이 환함.
속뜻 : 더 말할 나위 없이 명백함.

目不識丁
목불식정
직역 : 눈으로 보고도 '丁'자 같은 쉬운 글자를 모름.
속뜻 : 낫 놓고 'ㄱ'자도 모름. 곧, 아주 무식함.

百尺竿頭
백척간두
직역 : 백 척 높이의 장대 끝.
속뜻 : 위험이나 곤란이 극도에 달한 상태.

夫唱婦隨
부창부수
직역 : 남편이 부르면 아내가 따름.
속뜻 : 남편의 주장에 아내가 따름.

粉骨碎身
분골쇄신
직역 : 뼈는 가루가 되고 몸은 산산조각이 남.
속뜻 : 목숨을 걸고 있는 힘을 다함.

不俱戴天
불구대천
직역 : 하늘을 같이 이지 못함.
속뜻 : 이 세상에서 함께 살 수 없는 원수를 이름.

不撤晝夜
불철주야
직역 : 밤낮을 가리지 아니함.
속뜻 : 조금도 쉴 사이 없이 일에 힘쓰는 모양.

四顧無親
사고무친
직역 : 사방을 돌아보아도 친한 사람이 없음.
속뜻 : 의지할 만한 사람이 전혀 없음.

沙上樓閣
사상누각
직역 : 모래 위에 지은 누각.
속뜻 : 어떤 일이나 사물의 기초가 견고하지 못함을 이름.

山戰水戰
산전수전
직역 : 산에서의 전투와 물에서의 전투를 다 겪음.
속뜻 : 험한 세상 일에 경험이 많음.

山海珍味
산해진미
직역 : 산과 바다의 진귀한 맛.
속뜻 : 온갖 귀한 재료로 만든 맛있는 음식들.

殺身成仁
실 신 성 인
- 직역 : 몸을 죽여 인(仁)을 이룸.
- 속뜻 : 자기를 희생하여 착한 일을 함.

桑田碧海
상 전 벽 해
- 직역 : 뽕나무밭이 푸른 바다가 됨.
- 속뜻 : 세상이 엄청나게 변했음을 이르는 말.

雪上加霜
설 상 가 상
- 직역 : 눈 위에 서리를 더함.
- 속뜻 : 난처한 일이 연해 겹쳐 일어남. 엎친 데 덮치기.

袖手傍觀
수 수 방 관
- 직역 : 팔짱을 끼고 곁에서 보기만 함.
- 속뜻 : 응당 해야 할 일에 아무런 손도 쓰지 않고 보고만 있음.

誰怨誰咎
수 원 수 구
- 직역 : 누구를 원망하고 누구를 탓하랴.
- 속뜻 : 누구를 원망하거나 탓할 수 없다는 말.

守株待兎
수 주 대 토
- 직역 : 그루터기를 지키며 토끼를 기다림.
- 속뜻 : 주변이 없어서 변통할 줄을 모르고 굳게 지키기만 함.

脣亡齒寒
순 망 치 한
- 직역 : 입술이 없으면 이가 시림.
- 속뜻 : 이해 관계가 서로 밀접하여 한쪽이 망하면 다른 한쪽도 위태로움을 이르는 말.

十匙一飯
십 시 일 반
- 직역 : 열 술이면 한 끼의 밥.
- 속뜻 : 여러 사람이 힘을 합하면 한 사람을 구원할 수 있음.

阿鼻叫喚
아 비 규 환
- 직역 : 아비 지옥과 규환 지옥.
- 속뜻 : 여러 사람이 심한 고통으로 울부짖는 참상.

眼高手卑
안 고 수 비
- 직역 : 눈은 높으나 손은 낮음.
- 속뜻 : 이상은 높으나 재주가 없어 행동이 따르지 못함.

眼下無人
안 하 무 인
- 직역 : 눈 아래 사람이 없음.
- 속뜻 : 교만하여 사람들을 업신여김.

羊頭狗肉
양 두 구 육
- 직역 : 양의 머리와 개고기.
- 속뜻 : 겉으로는 훌륭하게 내세우나 속은 변변찮음.

養虎遺患
양 호 유 환
- 직역 : 범을 길러 우환 거리를 남김.
- 속뜻 : 화근이 될 것을 길러 나중에 화를 당함.

漁父之利
어부지리
- 직역 : 어부의 이익.
- 속뜻 : 양편이 서로 다투는 틈에 제삼자가 이득을 봄.

言中有骨
언중유골
- 직역 : 말 속에 뼈가 있음.
- 속뜻 : 예사로운 말 속에 비꼬거나 헐뜯는 뜻이 들어 있음.

緣木求魚
연목구어
- 직역 : 나무에 올라가 물고기를 구함.
- 속뜻 : 엉뚱한 곳에서 목적한 바를 이루려 함.

五里霧中
오리무중
- 직역 : 오 리에 걸쳐 낀 안개 속.
- 속뜻 : 무슨 일에 대하여 알 길이 없음의 비유.

吾鼻三尺
오비삼척
- 직역 : 내 코가 석 자.
- 속뜻 : 자기의 어려운이 심하여 남의 사정을 돌볼 겨를이 없음.

烏飛梨落
오비이락
- 직역 : 까마귀 날자 배 떨어짐.
- 속뜻 : 우연한 일치로 남의 혐의를 받음.

烏合之卒
오합지졸
- 직역 : 까마귀가 모인 것 같은 군사.
- 속뜻 : 갑자기 모인 훈련이 안 된 군사. 무질서한 군중.

玉石俱焚
옥석구분
- 직역 : 옥과 돌이 함께 탐.
- 속뜻 : 착한 사람이나 악한 사람 구별 없이 함께 재앙을 받음.

龍頭蛇尾
용두사미
- 직역 : 용의 대가리에 뱀의 꼬리.
- 속뜻 : 처음은 좋으나 끝이 좋지 않음의 비유.

牛耳讀經
우이독경
- 직역 : 쇠귀에 경 읽기.
- 속뜻 : 아무리 가르치고 일러 주어도 알아 듣지 못함.

雨後竹筍
우후죽순
- 직역 : 비 온 뒤에 돋는 죽순.
- 속뜻 : 어떤 일이 일시에 많이 일어남의 비유.

一騎當千
일기당천
- 직역 : 한 사람이 천 사람을 당해 냄.
- 속뜻 : 힘이나 무예가 썩 뛰어남의 비유.

一網打盡
일망타진
- 직역 : 한 그물에 다 두드려 잡음.
- 속뜻 : 한꺼번에 모조리 잡아들임.

一瀉千里
일 사 천 리
- 직역 : 강물이 거침없이 흘러 천 리에 다다름.
- 속뜻 : 사물이 거침없이 기세 좋게 진행됨.

一魚濁水
일 어 탁 수
- 직역 : 한 마리의 고기가 물을 흐리게 함.
- 속뜻 : 한 사람의 잘못으로 여러 사람이 그 해를 입게 됨의 비유.

一日三秋
일 일 삼 추
- 직역 : 하루가 삼 년 맞잡이.
- 속뜻 : 몹시 지루하거나 애태우며 기다림의 형용.

一觸卽發
일 촉 즉 발
- 직역 : 한 번 스치기만 하면 곧 폭발함.
- 속뜻 : 사소한 것으로도 크게 터질 수 있는 매우 위험한 형세.

自繩自縛
자 승 자 박
- 직역 : 제 줄로 제 몸을 묶음.
- 속뜻 : 자신의 언행으로 스스로 얽혀 들어가 곤란하게 됨.

張三李四
장 삼 이 사
- 직역 : 장 서방네 셋째 아들과 이 서방네 넷째 아들.
- 속뜻 : 특별히 신분을 일컬을 정도가 못 되는 평범한 사람.

賊反荷杖
적 반 하 장
- 직역 : 도둑이 도리어 매를 듦.
- 속뜻 : 잘못한 사람이 도리어 시비나 트집을 잡음의 비유.

前程萬里
전 정 만 리
- 직역 : 앞길이 만 리나 멂.
- 속뜻 : 나이가 젊어서 장래가 아주 유망함.

轉禍爲福
전 화 위 복
- 직역 : 화가 바뀌어 복이 됨.
- 속뜻 : 언짢은 일이 계기가 되어 도리어 다른 좋은 일을 봄.

糟糠之妻
조 강 지 처
- 직역 : 지게미와 겨를 먹은 아내.
- 속뜻 : 구차하고 천할 때부터 고생을 함께 해 온 아내.

朝令暮改
조 령 모 개
- 직역 : 아침에 내린 영을 저녁에 고침.
- 속뜻 : 법령이나 명령을 자주 고침.

坐井觀天
좌 정 관 천
- 직역 : 우물 속에 앉아 하늘을 봄.
- 속뜻 : 견문(見聞)이 좁아 넓은 세상의 사정을 모름의 비유.

主客顚倒
주 객 전 도
- 직역 : 주인과 손님의 위치가 뒤바뀜.
- 속뜻 : 주되는 것과 종속적인 것의 차례가 뒤바뀜.

晝耕夜讀
주경야독
직역 : 낮에는 밭 갈고 밤에는 글을 읽음.
속뜻 : 가난을 극복하며 열심히 공부함.

走馬加鞭
주마가편
직역 : 닫는 말에 채찍질하기.
속뜻 : 더 잘 되어 가도록 부추기거나 몰아침.

走馬看山
주마간산
직역 : 말을 타고 달리면서 산수(山水)를 봄.
속뜻 : 바쁘고 어수선하여 되는 대로 홱홱 지나쳐 봄의 비유.

衆口難防
중구난방
직역 : 여러 사람의 입은 막기 어려움.
속뜻 : 여러 사람들의 떠드는 원성 따위는 이루 막아 내지 못함.

指鹿爲馬
지록위마
직역 : 사슴을 가리켜 말이라고 함.
속뜻 : 윗사람을 농락하여 권세를 마음대로 함을 이름.

滄海一粟
창해일속
직역 : 넓은 바다에 하나의 좁쌀알.
속뜻 : 매우 많거나 넓은 가운데 섞여 있는 보잘것없는 존재.

草綠同色
초록동색
직역 : 풀과 푸름은 서로 같은 빛깔임.
속뜻 : 같은 무리끼리 어울림. 이름은 다르나 결국 한가지임.

他山之石
타산지석
직역 : 남의 산의 돌.
속뜻 : 다른 사람의 하찮은 언행도 자기의 지덕(知德)을 닦는 데 도움이 됨의 비유.

破竹之勢
파죽지세
직역 : 대를 쪼개는 기세.
속뜻 : 감히 막을 수 없게 맹렬히 적을 치는 기세.

螢雪之功
형설지공
직역 : 반딧불과 눈빛의 공로.
속뜻 : 어려운 여건에서 꾸준하고 부지런하게 학문을 닦은 공.

狐假虎威
호가호위
직역 : 여우가 범의 위세를 빌림.
속뜻 : 남의 권세를 빌려 위세를 부림의 비유.

浩然之氣
호연지기
직역 : 넓고 큰 기운.
속뜻 : 천하에 부끄러울 것이 없어 활짝 펴진 기개와 도량.

畫龍點睛
화룡점정
직역 : 용을 그려 눈알을 그려 넣음.
속뜻 : 무슨 일을 하는 데 가장 긴요한 부분을 완성시킴.